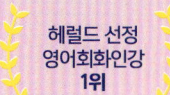 헤럴드 선정 영어회화인강 1위
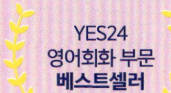 YES24 영어회화 부문 베스트셀러
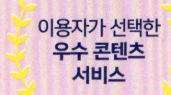 이용자가 선택한 우수 콘텐츠 서비스

왕초보 영어탈출 해커스톡

기초회화 전문가 **안젤라 선생님**

기초회화 전문가 **더글라스 선생님**

[영어회화인강 1위] 헤럴드 선정 2018 대학생 선호 브랜드 대상 '영어회화 인강' 부문 1위(2018.01.02.), [베스트셀러] YES24 국어 외국어 사전 분야 영어회화/생활영어 부문(2017년 3월 월별 베스트 기준), [우수 콘텐츠] 과학기술정보통신부 주최 한국데이터진흥원 인증 우수 콘텐츠서비스(2017.09.01.)

영어 잘하는 사람은 쉬운 영어가 자동발사!

10분 집중
최적의 집중 시간 15분

그보다 짧은
10분 강의로 집중력 UP!

패턴 연상
하나의 패턴만으로
수십 개 문장 만들기

짧고 긴 모든 문장을
패턴 하나로

반복 훈련
학습자와 끊임없이
소통하며 복습하는 강의

기억력을 높여주는
4단계 반복 학습

쉬운 영어
실생활에서 주로 쓰는
쉬운 단어와 예문 학습

왕초보도 쉬운 영어로
실생활 회화까지 끝!

해커스톡 자동발사영어 100% 활용방법

교재 무료 동영상강의 [일부 강의 무료제공]
1. 해커스톡 사이트(HackersTalk.co.kr) 접속 후 로그인합니다.
2. 사이트 상단 탭의 [무료강의/자료 → 해커스톡TV]를 클릭하여 본 교재 강의를 수강합니다.

교재 무료 MP3
1. 해커스톡 사이트(HackersTalk.co.kr) 접속 후 로그인합니다.
2. 사이트 상단 탭의 [무료강의/자료 → 무료 자료/MP3]를 클릭해 주세요.
3. [무료MP3/자료] 중, 본 교재의 '예문음성/복습용 MP3'를 클릭하여 다운로드합니다.

무료 레벨테스트
1. 해커스톡 사이트(HackersTalk.co.kr) 접속합니다.
2. 사이트 상단 탭의 [무료 레벨테스트]를 클릭하여 이용합니다.

레벨테스트 바로 가기 ▲

해커스톡 자동발사영어 팟캐스트
1. 팟빵 사이트(www.Podbbang.com) 혹은 어플이나, 아이폰 Podcast 어플에서 '해커스톡'을 검색하여 이용합니다.

팟빵에서 팟캐스트 들어보기 ▲

초판 6쇄 발행 2023년 1월 2일

초판 1쇄 발행   2017년 3월 30일

지은이	해커스 어학연구소
펴낸곳	(주)해커스 어학연구소
펴낸이	해커스 어학연구소 출판팀

주소	서울특별시 서초구 강남대로61길 23 (주)해커스 어학연구소
고객센터	02-566-0001
교재 관련 문의	publishing@hackers.com
동영상강의	HackersTalk.co.kr

ISBN	978-89-6542-222-8 (13740)
Serial Number	01-06-01

저작권자 ⓒ 2017, 해커스 어학연구소
이 책 및 음성파일의 모든 내용, 이미지, 디자인, 편집 형태에 대한 저작권은
저자에게 있습니다. 서면에 의한 저자와 출판사의 허락 없이 내용의 일부 혹은 전부를
인용, 발췌하거나 복제, 배포할 수 없습니다.

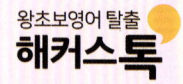

해커스톡(HackersTalk.co.kr)
· 패턴 학습법으로 누구나 쉽게 말하는 **자동발사영어 강의 제공**
· 따라만 해도 영어 말문이 트이는 **교재 예문음성 MP3 무료 제공**
· 체계적인 학습 커리큘럼으로 단계별 실력 완성 가능

해커스톡 영어회화 시리즈

해커스
톡!
자동발사
영어

레벨업 길게 말하기 2탄

왕초보영어 탈출
해커스톡

에코잉 학습법으로 영어 자동발사
해커스톡 자동발사영어

"가이드 없이 자유롭게 해외여행 하고 싶어요."

"외국 고객에게 안부인사를 할 수 있었으면 좋겠어요."

"유치원생 손자에게 영어 할 줄 아는 멋진 할머니가 되고 싶네요."

"쉽게, 바로, 자유롭게"
우리는 영어를 말하고 싶어 하죠.

해커스 자동발사영어와 함께라면,
문법이나 어려운 단어를 몰라도 영어로 말할 수 있어요!

"교환학생 가기 전, 영어울렁증 극복하고 싶습니다."

"아이 초등학교 입학 전 영어 정도는 제가 직접 봐주고 싶어요."

목차

DAY 01	운전하는 것은 재미있어. **Driving is** fun. ~하는 것은 …해	7
DAY 02	나는 스케이트 타는 것을 즐겨. I **enjoy skating**. ~하는 것을 …해	15
DAY 03	나는 춤추는 것을 잘해. I'm **good at dancing**. ~하는 것을 …해	23
DAY 04	나는 너를 돕기 위해 왔어. I came **to help you**. ~하기 위해 …해	31
DAY 05	나는 집을 짓는 것을 원해. I **want to build** a house. ~하는 것을 …해	39
DAY 06	나는 네가 긴장을 풀 것을 원해. I **want you to relax**. 누가 ~할 것을 …해	47
DAY 07	나는 뭘 주문할지 모르겠어. I don't know **what to order**. 뭘 ~할지 …해	55

DAY 08	나는 어떻게 이 전화기를 사용하는지 배웠어. I learned **how to use** this phone. 어떻게 ~하는지 …해	63
DAY 09	나는 머무를 장소가 필요해. I need **a place to stay**. ~할 …가 …해	71
DAY 10	나는 그 소식을 들어서 행복해. I'm **happy to hear** the news. ~해서 …해	79
DAY 11	거짓말하는 것은 쉬워. It's **easy to lie**. ~하는 것은 …해	87
DAY 12	나는 그녀를 웃게 만들었어. I **made her laugh**. 누가 ~하게 만들어	95
DAY 13	나는 그가 우는 것을 들었어. I **heard him cry**. 누가 ~하는 것을 들어	103
DAY 14	나는 그 상자들을 옮기는 것을 도왔어. I **helped (to) move** the boxes. ~하는 것을 도왔어	109
DAY 15	자는 그 아기는 귀여워. **The sleeping baby** is cute. ~하는 …는 …해	117

해커스톡 자동발사영어
레벨업 길게 말하기 2탄

에코잉 학습법으로 영어 자동발사!

어릴 때 영어 공부 참 열심히 했는데도 **영어 말하기는 늘 어렵기만 하죠.**
정작 영어로 말해야 하는 상황이 오면 머리 속이 뒤죽박죽이 되면서 간단한 말 한마디도 입 밖으로 꺼내기가 참 어려워요.

에코잉 학습법으로 따라만 하면 영어가 자동으로 발사 돼요!

📡 에코잉 학습법이란?
선생님이나 원어민의 음성을 듣고 메아리처럼 따라하는 학습법으로, 따라하기만 하면 자신도 모르게 문장의 내용을 귀로 듣고, 뇌로 이해하게 되는 동시에 발음이 교정된다. 이 학습법을 따라 훈련하다보면, 내가 생각하는 문장이 바로 영어로 나오게 된다.

이렇게 학습하세요

 따라하며 톡!

영어 문장을 큰 소리로 따라하며 영어 문장이 자동 발사 될 때까지 에코잉 해 보세요. 실제로 이 문장이 쓰이는 상황들과 함께 학습해 보세요.

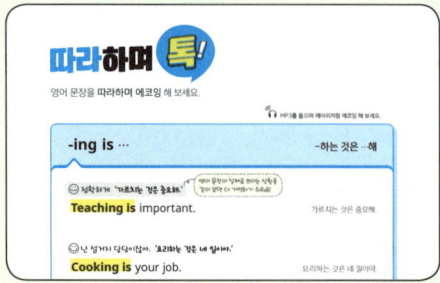

 자동발사 톡!

주어진 상황을 떠올리며 우리말만 보고 영어로 자동발사 해 보세요. 자신도 모르게 영어가 자동발사가 될 수 있도록 합니다.

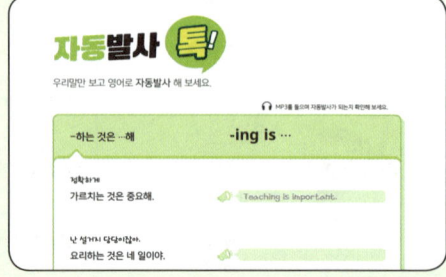

영어 문장을 따라하며 에코잉 해 보세요.

🎧 MP3를 들으며 메아리처럼 에코잉 해 보세요.

-ing is … — -하는 것은 …해

😊 정확하게 '가르치는 것은 중요해.'
Teaching is important.   가르치는 것은 중요해.

😊 난 설거지 담당이잖아. '요리하는 것은 네 일이야.'
Cooking is your job.   요리하는 것은 네 일이야.

😊 음악 틀어놓고 '춤추는 것은 내 취미야.'
Dancing is my hobby.   춤추는 것은 내 취미야.

😊 업무가 재미있어서 '일하는 것은 나쁘지 않아.'
Working isn't bad.   일하는 것은 나쁘지 않아.

😊 국내에서 '여행하는 것은 위험하지 않아.'
Traveling isn't dangerous.   여행하는 것은 위험하지 않아.

😊 습관이 되어 있지 않으면 '읽는 것은 쉽지 않아.'
Reading isn't easy.   읽는 것은 쉽지 않아.

> 영어 문장이 실제로 쓰이는 상황을 같이 보면 더 기억하기 쉬워요!

hobby [하비] 취미   **dangerous** [데인저뤄스] 위험한

DAY 01

운전하는 것은 재미있어.
Driving is fun.   -하는 것은 …해

이렇게 말해요!

'운전하다'는 drive, '운전하는 것'은 driving이에요. '운전하는 것은 재미있어'는 그 뒤에 is fun을 붙이면 돼요.

· 운전하는 것은 재미있어.   **Driving is fun.**

★ 행동(drive)에 ing를 붙여서 '~하는 것'이라는 의미로 말할 수 있어요. 단, e로 끝나는 경우는 e를 빼고 ing를 붙여요.
     · drive + ing → driving

해커스톡 자동발사영어
레벨업 길게 말하기 2탄

DAY 16	저기 서 있는 그 남자는 내 친구야. **The man standing there** is my friend. -하는 …는 …해	127
DAY 17	오늘 공연된 그 노래는 놀라웠어. **The song performed today** was amazing. -된 …는/를 …해	135
DAY 18	긴 머리를 가진 그 소녀는 내 딸이야. **The girl who has long hair** is my daughter. -하는 …는 …해	143
DAY 19	나는 고양이가 있는 한 남자를 만났어. I met **a man who has a cat**. -하는 …를 …해	151
DAY 20	내가 원하는 그 차는 비싸. **The car that I want** is expensive. -하는 …는 …해	159
DAY 21	나는 네가 산 그 노트북을 부서뜨렸어. I broke **the laptop that you bought**. -한 …를 …해	167
DAY 22	내가 말한 것은 비밀이야. **What I said** is a secret. 누가 ~하는 것은 …해	175

DAY 23	나는 네가 의미하는 것을 알아. I know **what you mean**. 누가 ~하는 것을 …해	183
DAY 24	나는 네가 예쁘다고 생각해. I **think that** you're pretty. ~이라고 …해	191
DAY 25	그는 내가 운이 좋았다고 말했어. He **said that** I was lucky. ~이라고 말해	201
DAY 26	나는 네가 그걸 말할 수 있다는 것을 확신해. I'm **sure that** you can say it. -한 것을 …해	209
DAY 27	나는 내가 이것을 고칠 수 있는지 모르겠다. I **wonder if** I can fix this. ~인지 …해	219
DAY 28	나는 내가 그걸 어디에 뒀는지 기억해. I remember **where I put it**. 어디에(서) ~하는지 …해	229
DAY 29	그녀는 네가 언제 집에 갔는지 알아. She knows **when you went home**. 언제 ~하는지 …해	239
DAY 30	네가 어떻게 영어 공부했는지 내게 말해줘. Tell me **how you studied English**. 어떻게 ~하는지 …해	249

자동발사 톡!

우리말만 보고 영어로 **자동발사** 해 보세요.

🎧 MP3를 들으며 자동발사가 되는지 확인해 보세요.

-하는 것은 …해 / -ing is …

정확하게
가르치는 것은 중요해.

📢 Teaching is important.

난 설거지 담당이잖아.
요리하는 것은 네 일이야.

📢

음악 틀어놓고
춤추는 것은 내 취미야.

📢

업무가 재미있어서
일하는 것은 나쁘지 않아.

📢

국내에서
여행하는 것은 위험하지 않아.

📢

습관이 되어 있지 않으면
읽는 것은 쉽지 않아.

📢

영어 문장을 **따라하며 에코잉** 해 보세요.

MP3를 들으며 메아리처럼 에코잉 해 보세요.

-ing is …   –하는 것은 …해

☺ 부모님이 직접 '아이들을 가르치는 것은 중요해.'
Teaching children **is** important.   아이들을 가르치는 것은 중요해.

☹ 우리가 세운 규칙대로 '저녁 식사를 요리하는 것은 네 일이야.'
Cooking dinner **is** your job.   저녁 식사를 요리하는 것은 네 일이야.

☺ 일주일에 하나씩 '시를 쓰는 것은 내 숙제야.'
Writing a poem **is** my homework.   시를 쓰는 것은 내 숙제야.

☹ 시험기간에 '게임을 하는 것은 좋은 생각이 아니야.'
Playing games **isn't** a good idea.   게임을 하는 것은 좋은 생각이 아니야.

☺ 걱정하는 것과 달리 '유럽을 여행하는 것은 위험하지 않아.'
Traveling Europe **isn't** dangerous.   유럽을 여행하는 것은 위험하지 않아.

☹ 대부분의 사람들에게 '영어책을 읽는 것은 쉽지 않아.'
Reading English books **isn't** easy.   영어책을 읽는 것은 쉽지 않아.

poem [포엠] 시   **dangerous** [데인저뤄스] 위험한

우리말만 보고 영어로 **자동발사** 해 보세요.

🎧 MP3를 들으며 자동발사가 되는지 확인해 보세요.

-하는 것은 …해   -ing is …

부모님이 직접
아이들을 가르치는 것은 중요해.
📢 Teaching children is important.

우리가 세운 규칙대로
저녁 식사를 요리하는 것은 네 일이야.
📢

일주일에 하나씩
시를 쓰는 것은 내 숙제야.
📢

시험기간에
게임을 하는 것은 좋은 생각이 아니야.
📢

걱정하는 것과 달리
유럽을 여행하는 것은 위험하지 않아.
📢

대부분의 사람들에게
영어책을 읽는 것은 쉽지 않아.
📢

영어 문장을 **따라하며** 에코잉 해 보세요.

🎧 MP3를 들으며 메아리처럼 에코잉 해 보세요.

Is -ing …?   –하는 것은 …하니?

🙂 학교에 가기 전에 '아이들을 가르치는 것은 중요하니?'
Is teaching children important?   아이들을 가르치는 것은 중요하니?

🙂 주말에도 '저녁 식사를 요리하는 것은 네 일이니?'
Is cooking dinner your job?   저녁 식사를 요리하는 것은 네 일이니?

🙂 선생님 로맨틱하셨네~ '시를 쓰는 것은 네 숙제니?'
Is writing a poem your homework?   시를 쓰는 것은 네 숙제니?

🙂 친해지기 위해 '게임을 하는 것은 좋은 생각이니?'
Is playing games a good idea?   게임을 하는 것은 좋은 생각이니?

☹️ 여자 혼자 '유럽을 여행하는 것은 위험하니?'
Is traveling Europe dangerous?   유럽을 여행하는 것은 위험하니?

🙂 학원 다니니까 '영어책을 읽는 것은 쉽니?'
Is reading English books easy?   영어책을 읽는 것은 쉽니?

poem [포엠] 시   **dangerous** [데인저뤄스] 위험한

자동발사 톡!

우리말만 보고 영어로 **자동발사** 해 보세요.

🎧 MP3를 들으며 자동발사가 되는지 확인해 보세요.

-하는 것은 …하니?   Is -ing …?

학교에 가기 전에
아이들을 가르치는 것은 중요하니?
📢 Is teaching children important?

주말에도
저녁 식사를 요리하는 것은 네 일이니?
📢

선생님 로맨틱하셨네~
시를 쓰는 것은 네 숙제니?
📢

친해지기 위해
게임을 하는 것은 좋은 생각이니?
📢

여자 혼자
유럽을 여행하는 것은 위험하니?
📢

학원 다니니까
영어책을 읽는 것은 쉽니?
📢

일상에서 쓰는 진짜 영어, 쉬운 영어!

4월 20일

 민성
게임 딱 한 시간만 할까?

다정
안돼

시험기간에
Playing games isn't a good idea.
게임을 하는 것은 좋은 생각이 아니야.

 민성
에이~ 딱 한 시간만 하자

다정
너 저번에도 그렇게 말하고 온종일 했잖아

또 F 받게? ㅋㅋㅋ

 민성
무슨 소리야!!! D+이였어

보내기

DAY 02

> ## 나는 스케이트 타는 것을 즐겨.
> I enjoy skating.   –하는 것을 …해

이상하게
얼음 위에만 올라가면 마음이 편해~
나는 스케이트 타는 것을 즐겨.
I enjoy skating.

이렇게 말해요!

'스케이트 타다'는 skate, '스케이트 타는 것'은 skating이에요. '나는 스케이트 타는 것을 즐겨'는 그 앞에 I enjoy를 붙이면 돼요.

- 나는 **스케이트 타는 것을 즐겨**.   I **enjoy skating**.

영어 문장을 **따라하며** 에코잉 해 보세요.

🎧 MP3를 들으며 메아리처럼 에코잉 해 보세요.

enjoy/mind -ing —하는 것을 즐겨/싫어해

😊 주말이면 '나는 등산하는 것을 즐겨.'
> 영어 문장이 실제로 쓰이는 상황을 같이 보면 더 기억하기 쉬워요!

I **enjoy hiking**.   나는 등산하는 것을 즐겨.

😊 해안도로를 따라 '그녀는 운전하는 것을 즐겨.'

She **enjoys driving**.   그녀는 운전하는 것을 즐겨.

😊 서로 취미가 같더라. '그들은 걷는 것을 즐겨.'

They **enjoy walking**.   그들은 걷는 것을 즐겨.

😊 괜찮으니까 천천히 와~ '나는 기다리는 것을 싫어하지 않아.'

I don't **mind waiting**.   나는 기다리는 것을 싫어하지 않아.

😐 떨린다고 했지만 '유진이는 말하는 것을 싫어하지 않았어.'

유진 didn't **mind talking**.   유진이는 말하는 것을 싫어하지 않았어.

😊 크게 한턱냈어. '미스터 김은 돈 내는 것을 싫어하지 않았어.'

Mr. Kim didn't **mind paying**.   미스터 김은 돈 내는 것을 싫어하지 않았어.

mind [마인드] 싫어하다, 신경 쓰다   **hike** [하이크] 등산하다

우리말만 보고 영어로 **자동발사** 해 보세요.

🎧 MP3를 들으며 자동발사가 되는지 확인해 보세요.

-하는 것을 즐겨/싫어해   enjoy/mind -ing

주말이면
나는 등산하는 것을 즐겨.
📢 I enjoy hiking.

해안도로를 따라
그녀는 운전하는 것을 즐겨.
📢

서로 취미가 같더라.
그들은 걷는 것을 즐겨.
📢

괜찮으니까 천천히 와~
나는 기다리는 것을 싫어하지 않아.
📢

떨린다고 했지만
유진이는 말하는 것을 싫어하지 않았어.
📢

크게 한턱냈어.
미스터 김은 돈 내는 것을 싫어하지 않았어.
📢

영어 문장을 **따라하며 에코잉** 해 보세요.

🎧 MP3를 들으며 메아리처럼 에코잉 해 보세요.

enjoy/mind -ing –하는 것을 즐겨/싫어해

☺ 매년 '나는 가을에 등산하는 것을 즐겨.'
I **enjoy hiking** in the fall.   나는 가을에 등산하는 것을 즐겨.

☺ 차들이 많이 없어서 '그녀는 밤에 운전하는 것을 즐겨.'
She **enjoys driving** at night.   그녀는 밤에 운전하는 것을 즐겨.

☺ 한강 공원에 가서 '그들은 함께 걷는 것을 즐겨.'
They **enjoy walking** together.   그들은 함께 걷는 것을 즐겨.

☺ 나 신경쓰지 마. '나는 널 위해 여기에서 기다리는 것을 싫어하지 않아.'
I don't **mind waiting** here for you.
나는 널 위해 여기에서 기다리는 것을 싫어하지 않아.

☺ 막상 마이크를 잡으니 '유진이는 사람들 앞에서 말하는 것을 싫어하지 않았어.'
유진 didn't **mind talking** in front of people.
유진이는 사람들 앞에서 말하는 것을 싫어하지 않았어.

☺ 감사하게도 '미스터 김은 우리를 위해 돈 내는 것을 싫어하지 않았어.'
Mr. Kim didn't **mind paying** for us.
미스터 김은 우리를 위해 돈 내는 것을 싫어하지 않았어.

mind [마인드] 싫어하다, 신경 쓰다   **hike** [하이크] 등산하다   **in front of** [인 프뤈트 오브] ~의 앞에서

자동발사 톡!

우리말만 보고 영어로 **자동발사** 해 보세요.

🎧 MP3를 들으며 자동발사가 되는지 확인해 보세요.

-하는 것을 즐겨/싫어해   enjoy/mind -ing

매년
나는 가을에 등산하는 것을 즐겨.

 I enjoy hiking in the fall.

차들이 많이 없어서
그녀는 밤에 운전하는 것을 즐겨.

한강 공원에 가서
그들은 함께 걷는 것을 즐겨.

나 신경쓰지 마.
나는 널 위해 여기에서 기다리는 것을 싫어하지 않아.

막상 마이크를 잡으니
유진이는 사람들 앞에서 말하는 것을 싫어하지 않았어.

감사하게도
미스터 김은 우리를 위해 돈 내는 것을 싫어하지 않았어.

영어 문장을 **따라하며 에코잉** 해 보세요.

 MP3를 들으며 메아리처럼 에코잉 해 보세요.

enjoy/mind -ing?　　　　　－하는 것을 즐기니/싫어하니?

☺ 단풍 구경할 수 있어서 '너는 가을에 등산하는 것을 즐기니?'
Do you enjoy hiking in the fall?　　너는 가을에 등산하는 것을 즐기니?

☹ 초보운전인데도, '그녀는 밤에 운전하는 것을 즐기니?'
Does she enjoy driving at night?　　그녀는 밤에 운전하는 것을 즐기니?

☺ 저녁 먹고 '그들은 함께 걷는 것을 즐기니?'
Do they enjoy walking together?　　그들은 함께 걷는 것을 즐기니?

😐 잠깐이면 되는데, '너는 날 위해 여기에서 기다리는 것을 싫어하니?'
Do you mind waiting here for me?
　　　　　　　너는 날 위해 여기에서 기다리는 것을 싫어하니?

☹ 지난번에 발표할 때 '유진이는 사람들 앞에서 말하는 것을 싫어했니?'
Did 유진 mind talking in front of people?
　　　　　　　유진이는 사람들 앞에서 말하는 것을 싫어했니?

☹ 표정이 안 좋던데, '미스터 김은 우리를 위해 돈 내는 것을 싫어했니?'
Did Mr. Kim mind paying for us?
　　　　　　　미스터 김은 우리를 위해 돈 내는 것을 싫어했니?

mind [마인드] 싫어하다, 신경 쓰다　　**hike** [하이크] 등산하다　　**in front of** [인 프런트 오브] ~의 앞에서

우리말만 보고 영어로 **자동발사** 해 보세요.

🎧 MP3를 들으며 자동발사가 되는지 확인해 보세요.

-하는 것을 즐기니/싫어하니?   enjoy/mind -ing?

단풍 구경할 수 있어서
너는 가을에 등산하는 것을 즐기니?
 Do you enjoy hiking in the fall?

초보운전인데도,
그녀는 밤에 운전하는 것을 즐기니?

저녁 먹고
그들은 함께 걷는 것을 즐기니?

잠깐이면 되는데,
너는 날 위해 여기에서 기다리는 것을 싫어하니?

지난번에 발표할 때
유진이는 사람들 앞에서 말하는 것을 싫어했니?

표정이 안 좋던데,
미스터 김은 우리를 위해 돈 내는 것을 싫어했니?

일상에서 쓰는 진짜 영어, 쉬운 영어!

3월 8일

희수
차가 막혀서 30분 정도 늦을 것 같아 ㅠㅠ

미안해

 수진
괜찮으니까 천천히 와~
I don't mind waiting.
나는 기다리는 것을 싫어하지 않아.

희수
정말이야?

 수진
응~

기다리는 동안 내가 마신 커피 값은 네가 낼 거잖아~

보내기

DAY 03

나는 춤추는 것을 잘해.
I'm good at dancing.   -하는 것을 …해

이렇게 말해요!

'춤춰'는 dance, '춤추는 것'은 dancing이에요. '나는 춤추는 것을 잘해'는 그 앞에 I'm good at을 붙이면 돼요.

· 나는 **춤추는 것을 잘해**.   I'm **good at dancing**.

★ at/about/of 등의 뒤에 '~하는 것'이라는 의미로 -ing를 써요.

영어 문장을 **따라하며 에코잉** 해 보세요.

MP3를 들으며 메아리처럼 에코잉 해 보세요.

good/poor at -ing —하는 것을 잘해/잘 못 해

😊 다른 건 몰라도 '나는 그림 그리는 것을 잘해.'
I'm **good at painting**.   나는 그림 그리는 것을 잘해.

🙂 마라톤도 뛰어봤대. '그녀는 달리는 것을 잘해.'
She's **good at running**.   그녀는 달리는 것을 잘해.

🙂 내가 먹어봤는데 '민호는 요리하는 것을 잘해.'
민호 is **good at cooking**.   민호는 요리하는 것을 잘해.

☹ 아무리 연습해도 '그는 주차하는 것을 잘 못 해.'
He's **poor at parking**.   그는 주차하는 것을 잘 못 해.

😐 음치는 아니지만 '그녀는 노래하는 것을 잘 못 해.'
She's **poor at singing**.   그녀는 노래하는 것을 잘 못 해.

☹ 나 시키지 마. '나는 글 쓰는 것을 잘 못 해.'
I'm **poor at writing**.   나는 글 쓰는 것을 잘 못 해.

park [파크] 주차하다   **sing** [씽] 노래하다

자동발사 톡!

우리말만 보고 영어로 **자동발사** 해 보세요.

🎧 MP3를 들으며 자동발사가 되는지 확인해 보세요.

-하는 것을 잘해/잘 못 해   good/poor at -ing

다른 건 몰라도
나는 그림 그리는 것을 잘해.

📢 I'm good at painting.

마라톤도 뛰어봤대.
그녀는 달리는 것을 잘해.

내가 먹어봤는데
민호는 요리하는 것을 잘해.

아무리 연습해도
그는 주차하는 것을 잘 못 해.

음치는 아니지만
그녀는 노래하는 것을 잘 못 해.

나 시키지 마.
나는 글 쓰는 것을 잘 못 해.

영어 문장을 따라하며 에코잉 해 보세요.

🎧 MP3를 들으며 메아리처럼 에코잉 해 보세요.

think/care about -ing －하는 것에 대해 생각해/신경 써

😊 처음에 '그는 그곳에 머무는 것에 대해 생각하지 않았어.'
He didn't **think about staying** there.
그는 그곳에 머무는 것에 대해 생각하지 않았어.

😊 있는 줄도 몰라서 '나는 그 쿠폰을 사용하는 것에 대해 생각하지 않았어.'
I didn't **think about using** the coupon.
나는 그 쿠폰을 사용하는 것에 대해 생각하지 않았어.

😐 평이 안 좋아서 '나는 그 회사에 지원하는 것에 대해 생각하지 않았어.'
I didn't **think about applying** to that company.
나는 그 회사에 지원하는 것에 대해 생각하지 않았어.

😣 너무 정신 없어서 '우리는 그 차를 파는 것에 대해 신경 쓰지 않았어.'
We didn't **care about selling** the car.
우리는 그 차를 파는 것에 대해 신경 쓰지 않았어.

😐 중요한 일이 아니라 '지나는 그 계획을 바꾸는 것에 대해 신경 쓰지 않았어.'
지나 didn't **care about changing** the plan.
지나는 그 계획을 바꾸는 것에 대해 신경 쓰지 않았어.

😊 공용 테이블이라 '그들은 그 테이블을 치우는 것에 대해 신경 쓰지 않았어.'
They didn't **care about cleaning** the table.
그들은 그 테이블을 치우는 것에 대해 신경 쓰지 않았어.

stay [스테이] 머무르다   **coupon** [쿠폰] 쿠폰   **apply** [어플라이] 지원하다

자동발사 톡!

우리말만 보고 영어로 **자동발사** 해 보세요.

🎧 MP3를 들으며 자동발사가 되는지 확인해 보세요.

-하는 것에 대해 생각해/신경 써   think/care about -ing

처음에
그는 그곳에 머무는 것에 대해 생각하지 않았어.
 He didn't think about staying there.

있는 줄도 몰라서
나는 그 쿠폰을 사용하는 것에 대해 생각하지 않았어.

평이 안 좋아서
나는 그 회사에 지원하는 것에 대해 생각하지 않았어.

너무 정신 없어서
우리는 그 차를 파는 것에 대해 신경 쓰지 않았어.

중요한 일이 아니라
지나는 그 계획을 바꾸는 것에 대해 신경 쓰지 않았어.

공용 테이블이라
그들은 그 테이블을 치우는 것에 대해 신경 쓰지 않았어.

영어 문장을 **따라하며 에코잉** 해 보세요.

🎧 MP3를 들으며 메아리처럼 에코잉 해 보세요.

proud/tired of -ing — -하는 것이 자랑스러워/지겨워

😊 정정당당하게 '너는 그 경기를 이기는 것이 자랑스럽니?'
Are you **proud of winning** the game?
너는 그 경기를 이기는 것이 자랑스럽니?

😊 집 사니까 어때? '너는 너만의 집을 가진 것이 자랑스럽니?'
Are you **proud of having** your own house?
너는 너만의 집을 가진 것이 자랑스럽니?

😊 지금은 그만뒀지만 '그녀는 거기에서 일하는 것이 자랑스러웠니?'
Was she **proud of working** there?
그녀는 거기에서 일하는 것이 자랑스러웠니?

☹ 기약도 없이 '너는 그녀를 기다리는 것이 지겹니?'
Are you **tired of waiting** for her?   너는 그녀를 기다리는 것이 지겹니?

☹ 10년 넘게 '너는 똑같은 일을 하는 것이 지겹니?'
Are you **tired of doing** the same job?
너는 똑같은 일을 하는 것이 지겹니?

☹ 잔소리처럼 '너는 똑같은 이야기를 듣는 것이 지겨웠니?'
Were you **tired of hearing** the same story?
너는 똑같은 이야기를 듣는 것이 지겨웠니?

proud [프라우드] 자랑스러운 **your own** [유어 오운] 너만의

우리말만 보고 영어로 **자동발사** 해 보세요.

MP3를 들으며 자동발사가 되는지 확인해 보세요.

-하는 것이 자랑스러워/지겨워   proud/tired of -ing

정정당당하게
너는 그 경기를 이기는 것이 자랑스럽니?
 Are you proud of winning the game?

집 사니까 어때?
너는 너만의 집을 가진 것이 자랑스럽니?

지금은 그만뒀지만
그녀는 거기에서 일하는 것이 자랑스러웠니?

기약도 없이
너는 그녀를 기다리는 것이 지겹니?

10년 넘게
너는 똑같은 일을 하는 것이 지겹니?

잔소리처럼
너는 똑같은 이야기를 듣는 것이 지겨웠니?

일상에서 쓰는 진짜 영어, 쉬운 영어!

1월 25일

 현정
또 시작이야
엄마가 자꾸 결혼하래ㅠㅠ

성훈
잔소리처럼
Were you tired of hearing the same story?
너는 똑같은 이야기를 듣는 것이 지겨웠니?

 현정
응ㅠㅠ 아무나 만나버릴까 봐

성훈
안돼
널 구해줄 운명의 상대는 가까운 곳에 있잖아
(바로 여기)

보내기

DAY 04

나는 너를 돕기 위해 왔어.
I came to help you.   ~하기 위해 …해

이렇게 말해요!

'너를 도와'는 help you, '너를 돕기 위해'는 to help you예요. '나는 너를 돕기 위해 왔어'는 그 앞에 I came 을 붙여서 말해요.

· 나는 **너를 돕기 위해** 왔어.   I came **to help you**.

★ help 같은 행동 앞에 to를 붙여서 '~하기 위해'라는 의미로 말할 수 있어요.

영어 문장을 **따라하며 에코잉** 해 보세요.

MP3를 들으며 메아리처럼 에코잉 해 보세요.

… to ~   ~하기 위해 …해

😊 꽃까지 들고 '그는 너를 보기 위해 왔어.'

He came **to see you**.

그는 너를 보기 위해 왔어.

😊 곧 노출의 계절이라 '나는 살을 빼기 위해 운동했어.'

I exercised **to lose weight**.

나는 살을 빼기 위해 운동했어.

😐 열심히 노력해서 '그녀는 일자리를 얻기 위해 자격증을 땄어.'

She got a certificate **to get a job**.

그녀는 일자리를 얻기 위해 자격증을 땄어.

😊 여기까지 온 김에 '그들은 인사하기 위해 우리 사무실을 방문했어.'

They visited our office **to say hi**.

그들은 인사하기 위해 우리 사무실을 방문했어.

😊 TV가 오래돼서 '나는 새 TV를 사기 위해 돈을 좀 모았어.'

I saved some money **to buy a new TV**.

나는 새 TV를 사기 위해 돈을 좀 모았어.

😊 최선을 다해 '나는 똑같은 실수를 하지 않기 위해 노력했어.'

I tried not **to make the same mistake**.

나는 똑같은 실수를 하지 않기 위해 노력했어.

lose weight [루즈 웨이트] 살을 빼다   **certificate** [써티퓌킷] 자격증

우리말만 보고 영어로 **자동발사** 해 보세요.

 MP3를 들으며 자동발사가 되는지 확인해 보세요.

~하기 위해 …해   … to ~

꽃까지 들고
그는 너를 보기 위해 왔어.
> He came to see you.

곧 노출의 계절이라
나는 살을 빼기 위해 운동했어.

열심히 노력해서
그녀는 일자리를 얻기 위해 자격증을 땄어.

여기까지 온 김에
그들은 인사하기 위해 우리 사무실을 방문했어.

TV가 오래돼서
나는 새 TV를 사기 위해 돈을 좀 모았어.

최선을 다해
나는 똑같은 실수를 하지 않기 위해 노력했어.

영어 문장을 **따라하며 에코잉** 해 보세요.

🎧 MP3를 들으며 메아리처럼 에코잉 해 보세요.

… to ~ ~하기 위해 …해

😊 너한테 관심 있나 봐. '그는 어제 너를 보기 위해 왔어.'
He came **to see you** yesterday.
그는 어제 너를 보기 위해 왔어.

😊 옷이 안 맞아서, '나는 최근에 살을 빼기 위해 운동했어.'
I exercised **to lose weight** recently.
나는 최근에 살을 빼기 위해 운동했어.

😊 휴학하고, '그녀는 미국에서 일자리를 얻기 위해 자격증을 땄어.'
She got a certificate **to get a job** in America.
그녀는 미국에서 일자리를 얻기 위해 자격증을 땄어.

😊 퇴사 후, '그들은 우리에게 인사하기 위해 우리 사무실을 방문했어.'
They visited our office **to say hi** to us.
그들은 우리에게 인사하기 위해 우리 사무실을 방문했어.

😊 결혼 선물 대신, '나는 그들에게 새 TV를 사주기 위해 돈을 좀 모았어.'
I saved some money **to buy a new TV** for them.
나는 그들에게 새 TV를 사주기 위해 돈을 좀 모았어.

😊 마지막 기회라, '나는 다시 똑같은 실수를 하지 않기 위해 노력했어.'
I tried not **to make the same mistake** again.
나는 다시 똑같은 실수를 하지 않기 위해 노력했어.

lose weight [루즈 웨이트] 살을 빼다   **recently** [뤼쎈틀리] 최근에   **certificate** [써티퓌킷] 자격증

우리말만 보고 영어로 **자동발사** 해 보세요.

 MP3를 들으며 자동발사가 되는지 확인해 보세요.

~하기 위해 …해   … to ~

너한테 관심 있나 봐.
그는 어제 너를 보기 위해 왔어.
 He came to see you yesterday.

옷이 안 맞아서
나는 최근에 살을 빼기 위해 운동했어.

휴학하고
그녀는 미국에서 일자리를 얻기 위해 자격증을 땄어.

퇴사 후,
그들은 우리에게 인사하기 위해 우리 사무실을 방문했어.

결혼 선물 대신
나는 그들에게 새 TV를 사주기 위해 돈을 좀 모았어.

마지막 기회라
나는 다시 똑같은 실수를 하지 않기 위해 노력했어.

따라하며 톡!

영어 문장을 **따라하며 에코잉** 해 보세요.

🎧 MP3를 들으며 메아리처럼 에코잉 해 보세요.

… to ~?　　　　　　　　　　　　　　~하기 위해 …했니?

😊 다른 일도 없는데, '그는 어제 너를 보기 위해 왔니?'
Did he come to see you yesterday?　　그는 어제 너를 보기 위해 왔니?

😊 갑자기 예뻐졌는데? '너는 최근에 살을 빼기 위해 운동했니?'
Did you exercise to lose weight recently?
　　　　　　　　　　　　　　　너는 최근에 살을 빼기 위해 운동했니?

😊 취업 성공 비결이 뭐야? '그녀는 미국에서 일자리를 얻기 위해 자격증을 땄니?'
Did she get a certificate to get a job in America?
　　　　　　　　　　　　　　그녀는 미국에서 일자리를 얻기 위해 자격증을 땄니?

😊 아까 왔었다고? '그들은 우리에게 인사하기 위해 우리 사무실을 방문했니?'
Did they visit our office to say hi to us?
　　　　　　　　　　　그들은 우리에게 인사하기 위해 우리 사무실을 방문했니?

😊 효자네~ '너는 그들에게 새 TV를 사주기 위해 돈을 좀 모았니?'
Did you save some money to buy a new TV for them?
　　　　　　　　　　너는 그들에게 새 TV를 사주기 위해 돈을 좀 모았니?

😊 그의 조언을 따라 '너는 다시 똑같은 실수를 하지 않기 위해 노력했니?'
Did you try not to make the same mistake again?
　　　　　　　　　　너는 다시 똑같은 실수를 하지 않기 위해 노력했니?

---

lose weight [루즈 웨이트] 살을 빼다　　**recently** [뤼쎈틀리] 최근에　　**certificate** [써티퓌킷] 자격증

자동발사 톡!

우리말만 보고 영어로 **자동발사** 해 보세요.

🎧 MP3를 들으며 자동발사가 되는지 확인해 보세요.

~하기 위해 …했니? … to ~?

다른 일도 없는데,
그는 어제 너를 보기 위해 왔니?
 Did he come to see you yesterday?

갑자기 예뻐졌는데?
너는 최근에 살을 빼기 위해 운동했니?

취업 성공 비결이 뭐야?
그녀는 미국에서 일자리를 얻기 위해 자격증을 땄니?

아까 왔었다고?
그들은 우리에게 인사하기 위해 우리 사무실을 방문했니?

효자네~
너는 그들에게 새 TV를 사주기 위해 돈을 좀 모았니?

그의 조언을 따라
너는 다시 똑같은 실수를 하지 않기 위해 노력했니?

일상에서 쓰는 진짜 영어, 쉬운 영어!

6월 9일

 서연 엄마
정은이 엄마~ 몰라보게 예뻐졌다~

정은 엄마
호호 감사해요~

곧 노출의 계절이라
I exercised to lose weight.
저는 살을 빼기 위해 운동했어요.

 서연 엄마
우와~ 바쁜 와중에 대단한데?

정은 엄마
휴우...

이제 숨쉬기 운동만 하고 싶어요

  　　　　　　　　　　　보내기

DAY 05

나는 집을 짓는 것을 원해.
I **want to build** a house.   ~하는 것을 …해

내 꿈은 건축가.
도면은 완성했으니까,
이제 본격적으로 내 꿈을 한 번 이뤄볼까?
나는 집을 짓는 것을 원해.
I want to build a house.

이렇게 말해요!

'집을 짓다'는 build a house, '집을 짓는 것'은 to build a house예요. '나는 집을 짓는 것을 원해'는 그 앞에 I want를 붙이면 돼요.

· 나는 집을 **짓는 것을 원해**.   **I want to build** a house.

★ 행동(build) 앞에 to를 붙여서 '~하는 것'이라는 의미로 말할 수 있어요. 이때 to 앞에는 want나 plan 같은 행동이 자주 와요.

영어 문장을 **따라하며** 에코잉 해 보세요.

🎧 MP3를 들으며 메아리처럼 에코잉 해 보세요.

want/plan to ~　　　　~하는 것을 …원해/계획해

😐 시간과 돈만 있다면 '나는 여행하는 것을 원해.'
　영어 문장이 실제로 쓰이는 상황을
　같이 보면 더 기억하기 쉬워요!

I **want to travel**.　　　　　　나는 여행하는 것을 원해.

🙂 엄마의 영향을 받아서 '나는 선생님이 되는 것을 원해.'

I **want to be** a teacher.　　　　나는 선생님이 되는 것을 원해.
　　　　　↳ be는 '~이 되다'라는 뜻이에요.

☹️ 전에도 말했지만 '우리는 쉬는 것을 원해.'

We **want to take** a break.　　　우리는 쉬는 것을 원해.

🙂 마음에 든 남자가 있어서 '민지는 그 동호회에 가입하는 것을 계획했어.'

민지 **planned to join** the club.　민지는 그 동호회에 가입하는 것을 계획했어.

🙂 이번 주에 '그는 그 영화를 보는 것을 계획했어.'

He **planned to watch** the movie.　그는 그 영화를 보는 것을 계획했어.

🙂 오랜만에 '그들은 새로운 식당을 시도해보는 것을 계획했어.'

They **planned to try** a new restaurant.
　　　　　　　　　　　　　　　그들은 새로운 식당을 시도해보는 것을 계획했어.

take a break [테이크 어 브뤠이크] 쉬다　　**join** [조인] 가입하다　　**restaurant** [뤠스토뤈트] 식당

우리말만 보고 영어로 **자동발사** 해 보세요.

🎧 MP3를 들으며 자동발사가 되는지 확인해 보세요.

~하는 것을 …원해/계획해   want/plan to ~

시간과 돈만 있다면
나는 여행하는 것을 원해.
📢 I want to travel.

엄마의 영향을 받아서
나는 선생님이 되는 것을 원해.
📢

전에도 말했지만
우리는 쉬는 것을 원해.
📢

마음에 든 남자가 있어서
민지는 그 동호회에 가입하는 것을 계획했어.
📢

이번 주에
그는 그 영화를 보는 것을 계획했어.
📢

오랜만에
그들은 새로운 식당을 시도해보는 것을 계획했어.
📢

영어 문장을 따라하며 에코잉 해 보세요.

🎧 MP3를 들으며 메아리처럼 에코잉 해 보세요.

don't want/plan to ~   ~하는 것을 원하지/계획하지 않아

😕 해외여행은 처음이라 '나는 혼자 여행하는 것을 원하지 않아.'
I don't **want to travel** alone.
나는 혼자 여행하는 것을 원하지 않아.

😟 내 길이 아닌 것 같아서 '나는 장래에 선생님이 되는 것을 원하지 않아.'
I don't **want to be** a teacher in the future.
나는 장래에 선생님이 되는 것을 원하지 않아.

🙂 흐름이 끊길까 봐 '우리는 지금 당장 쉬는 것을 원하지 않아.'
We don't **want to take** a break right now.
우리는 지금 당장 쉬는 것을 원하지 않아.

😕 너무 바빠서 '민지는 금년에 그 동호회에 가입하는 것을 계획하지 않았어.'
민지 didn't **plan to join** the club this year.
민지는 금년에 그 동호회에 가입하는 것을 계획하지 않았어.

😟 그녀의 예상과는 달리 '그는 그녀와 함께 그 영화를 보는 것을 계획하지 않았어.'
He didn't **plan to watch** the movie with her.
그는 그녀와 함께 그 영화를 보는 것을 계획하지 않았어.

🙂 우연히 온 거였대. '그들은 그날 새로운 식당을 시도해보는 것을 계획하지 않았어.'
They didn't **plan to try** a new restaurant that day.
그들은 그날 새로운 식당을 시도해보는 것을 계획하지 않았어.

take a break [테이크 어 브레이크] 쉬다   **join** [조인] 가입하다   **restaurant** [뤠스토뤈트] 식당

자동발사 톡!

우리말만 보고 영어로 **자동발사** 해 보세요.

🎧 MP3를 들으며 자동발사가 되는지 확인해 보세요.

~하는 것을 원하지/계획하지 않아   don't want/plan to ~

해외여행은 처음이라
나는 혼자 여행하는 것을 원하지 않아.
 I don't want to travel alone.

내 길이 아닌 것 같아서
나는 장래에 선생님이 되는 것을 원하지 않아.

흐름이 끊길까 봐
우리는 지금 당장 쉬는 것을 원하지 않아.

너무 바빠서
민지는 금년에 그 동호회에 가입하는 것을 계획하지 않았어.

그녀의 예상과는 달리
그는 그녀와 함께 그 영화를 보는 것을 계획하지 않았어.

우연히 온 거였대.
그들은 그날 새로운 식당을 시도해보는 것을 계획하지 않았어.

따라하며 톡!

영어 문장을 **따라하며** 에코잉 해 보세요.

🎧 MP3를 들으며 메아리처럼 에코잉 해 보세요.

want/plan to ~? ~하는 것을 원하니/계획하니?

😊 이번 휴가 때 '너는 혼자 여행하는 것을 원하니?'
Do you **want to travel** alone?
너는 혼자 여행하는 것을 원하니?

😊 전공을 살려 '너는 장래에 선생님이 되는 것을 원하니?'
Do you **want to be** a teacher in the future?
너는 장래에 선생님이 되는 것을 원하니?

☹️ 피곤해 보이는데, '너는 지금 당장 쉬는 것을 원하니?'
Do you **want to take** a break right now?
너는 지금 당장 쉬는 것을 원하니?

😊 그 친구랑 '민지는 금년에 그 동호회에 가입하는 것을 계획했니?'
Did 민지 **plan to join** the club this year?
민지는 금년에 그 동호회에 가입하는 것을 계획했니?

☹️ 너한테 말도 없이 '그는 그녀와 함께 그 영화를 보는 것을 계획했니?'
Did he **plan to watch** the movie with her?
그는 그녀와 함께 그 영화를 보는 것을 계획했니?

😊 기념일이라고 '그들은 그날 새로운 식당을 시도해보는 것을 계획했니?'
Did they **plan to try** a new restaurant that day?
그들은 그날 새로운 식당을 시도해보는 것을 계획했니?

take a break [테이크 어 브뤠이크] 쉬다   **join** [조인] 가입하다   **restaurant** [뤠스토뤈트] 식당

우리말만 보고 영어로 **자동발사** 해 보세요.

MP3를 들으며 자동발사가 되는지 확인해 보세요.

~하는 것을 원하니/계획하니?   want/plan to ~?

이번 휴가 때
너는 혼자 여행하는 것을 원하니?

Do you want to travel alone?

전공을 살려
너는 장래에 선생님이 되는 것을 원하니?

피곤해 보이는데,
너는 지금 당장 쉬는 것을 원하니?

그 친구랑
민지는 금년에 그 동호회에 가입하는 것을 계획했니?

너한테 말도 없이
그는 그녀와 함께 그 영화를 보는 것을 계획했니?

기념일이라고
그들은 그날 새로운 식당을 시도해보는 것을 계획했니?

일상에서 쓰는 진짜 영어, 쉬운 영어!

10월 23일

 수민
어제 미팅에서 만난 여자가 마음에 들어서
I want to get in touch with the girl

수호
뭐?! 터치?? 만져??
야 너 변태냐!!

 수민
아니아니!

I want to get in touch with the girl.
나는 그 여자와 연락하는 것을 원해.

영어로 'get in touch'는 '연락하다'라는 뜻이야

수호
아 난 또…

DAY 06

나는 네가 긴장을 풀 것을 원해.
I want you to relax.

누가 ~할 것을 …해

흐음 자네가 우리 아영이 남자친구구먼.
근데 왜 이렇게 떨고 있나?
안 잡아먹을 테니 걱정하지 말게.
나는 네가 긴장을 풀 것을 원해.
I want you to relax.

이렇게 말해요!

'긴장을 풀 것'은 to relax, '나는 네가 긴장을 풀 것을 원해'는 그 앞에 I want you to를 붙여서 말해요.

· 나는 **네가 긴장 풀 것을 원해**.   **I want you to relax.**

영어 문장을 따라하며 에코잉 해 보세요.

🎧 MP3를 들으며 메아리처럼 에코잉 해 보세요.

want/expect 누구 to ~ 누가 ~할 것을 원해/기대해

😊 용기를 내 봐. '나는 네가 시도해볼 것을 원해.'
I **want you to try**.   나는 네가 시도해볼 것을 원해.

> 영어 문장이 실제로 쓰이는 상황을 같이 보면 더 기억하기 쉬워요!

😟 혼자서는 못하겠대. '그는 내가 그를 도와줄 것을 원해.'
He **wants me to help** him.   그는 내가 그를 도와줄 것을 원해.

😐 모두를 위해 '그녀는 내가 그 진실을 말할 것을 원했어.'
She **wanted me to tell** the truth.
그녀는 내가 그 진실을 말할 것을 원했어.

😊 따로 물어보지 않아도 '나는 그가 그것을 설명할 것을 기대했어.'
I **expected him to explain** it.   나는 그가 그것을 설명할 것을 기대했어.

😐 내가 별말 안 해서 '그녀는 내가 그녀의 조언을 따를 것을 기대했어.'
She **expected me to follow** her advice.
그녀는 내가 그녀의 조언을 따를 것을 기대했어.

😊 이번 설날에 '나의 엄마는 내가 집에 올 것을 기대했어.'
My mom **expected me to come** home.
나의 엄마는 내가 집에 올 것을 기대했어.

expect [익스펙트] 기대하다   **advice** [어드바이스] 조언

우리말만 보고 영어로 **자동발사** 해 보세요.

🎧 MP3를 들으며 자동발사가 되는지 확인해 보세요.

누가 ~할 것을 원해/기대해   want/expect 누구 to ~

용기를 내 봐.
나는 네가 시도해볼 것을 원해.
📢 I want you to try.

혼자서는 못하겠대.
그는 내가 그를 도와줄 것을 원해.
📢

모두를 위해
그녀는 내가 그 진실을 말할 것을 원했어.
📢

따로 물어보지 않아도
나는 그가 그것을 설명할 것을 기대했어.
📢

내가 별말 안 해서
그녀는 내가 그녀의 조언을 따를 것을 기대했어.
📢

이번 설날에
나의 엄마는 내가 집에 올 것을 기대했어.
📢

영어 문장을 **따라하며 에코잉** 해 보세요.

🎧 MP3를 들으며 메아리처럼 에코잉 해 보세요.

don't want/expect 누구 to ~ 누가 ~할 것을 원하지/기대하지 않아

☹️ 위험해 보여서 '나는 네가 다시 시도해볼 것을 원하지 않아.'

I don't **want you to try** again.   나는 네가 다시 시도해볼 것을 원하지 않아.

🙂 청소할 때 뭘 깨먹었더니 '그는 이제 내가 그를 도와줄 것을 원하지 않아.'

He doesn't **want me to help** him now.
그는 이제 내가 그를 도와줄 것을 원하지 않아.

🙂 상처받을까 봐 '그녀는 내가 민호에게 그 진실을 말할 것을 원하지 않았어.'

She didn't **want me to tell** the truth to 민호.
그녀는 내가 민호에게 그 진실을 말할 것을 원하지 않았어.

😐 잘 모를 것 같아서 '나는 그가 그것을 정확히 설명할 것을 기대하지 않았어.'

I didn't **expect him to explain** it clearly.
나는 그가 그것을 정확히 설명할 것을 기대하지 않았어.

☹️ 내가 싫은 내색을 해서 '그녀는 처음에 내가 그녀의 조언을 따를 것을 기대하지 않았어.'

She didn't **expect me to follow** her advice at first.
그녀는 처음에 내가 그녀의 조언을 따를 것을 기대하지 않았어.

🙂 야근한다고 말씀 드려서 '나의 엄마는 내가 집에 일찍 올 것을 기대하지 않았어.'

My mom didn't **expect me to come** home early.
나의 엄마는 내가 집에 일찍 올 것을 기대하지 않았어.

expect [익스펙트] 기대하다   advice [어드바이쓰] 조언   at first [엣 퓌스트] 처음에

우리말만 보고 영어로 **자동발사** 해 보세요.

MP3를 들으며 자동발사가 되는지 확인해 보세요.

누가 ~할 것을 원하지/기대하지 않아 don't want/expect 누구 to ~

위험해 보여서
나는 네가 다시 시도해볼 것을 원하지 않아.
 I don't want you to try again.

청소할 때 뭘 깨먹었더니
그는 이제 내가 그를 도와줄 것을 원하지 않아.

상처받을까 봐
그녀는 내가 민호에게 그 진실을 말할 것을 원하지 않았어.

잘 모를 것 같아서
나는 그가 그것을 정확히 설명할 것을 기대하지 않았어.

내가 싫은 내색을 해서
그녀는 처음에 내가 그녀의 조언을 따를 것을 기대하지 않았어.

야근한다고 말씀 드려서
나의 엄마는 내가 집에 일찍 올 것을 기대하지 않았어.

영어 문장을 따라하며 에코잉 해 보세요.

 MP3를 들으며 메아리처럼 에코잉 해 보세요.

want/expect 누구 to ~?   누가 ~할 것을 원하니/기대하니?

☺ 포기하지 않고 '너는 내가 다시 시도해볼 것을 원하니?'
Do you want me to try again?
너는 내가 다시 시도해볼 것을 원하니?

☺ 하다 하다 안 되니 '그는 이제 내가 그를 도와줄 것을 원하니?'
Does he want me to help him now?
그는 이제 내가 그를 도와줄 것을 원하니?

😐 설마 '그녀는 네가 민호에게 그 진실을 말할 것을 원했니?'
Did she want you to tell the truth to 민호?
그녀는 네가 민호에게 그 진실을 말할 것을 원했니?

☺ 그 자리에서 '너는 그가 그것을 정확히 설명할 것을 기대했니?'
Did you expect him to explain it clearly?
너는 그가 그것을 정확히 설명할 것을 기대했니?

😟 아무것도 모른 채 '그녀는 처음에 내가 그녀의 조언을 따를 것을 기대했니?'
Did she expect me to follow her advice at first?
그녀는 처음에 내가 그녀의 조언을 따를 것을 기대했니?

☺ 너 늦게 들어갔던 날 '네 엄마는 네가 집에 일찍 올 것을 기대했니?'
Did your mom expect you to come home early?
네 엄마는 네가 집에 일찍 올 것을 기대했니?

expect [익스펙트] 기대하다   advice [어드바이쓰] 조언   at first [엣 퍼스트] 처음에

우리말만 보고 영어로 **자동발사** 해 보세요.

🎧 MP3를 들으며 자동발사가 되는지 확인해 보세요.

누가 ~할 것을 원하니/기대하니?   **want/expect 누구 to ~?**

포기하지 않고
너는 내가 다시 시도해볼 것을 원하니?
 Do you want me to try again?

하다 하다 안 되니
그는 이제 내가 그를 도와줄 것을 원하니?

설마
그녀는 네가 민호에게 그 진실을 말할 것을 원했니?

그 자리에서
너는 그가 그것을 정확히 설명할 것을 기대했니?

아무것도 모른 채
그녀는 처음에 내가 그녀의 조언을 따를 것을 기대했니?

너 늦게 들어갔던 날
네 엄마는 네가 집에 일찍 올 것을 기대했니?

일상에서 쓰는 진짜 영어, 쉬운 영어!

11월 4일

 현정
결혼하니까 좋냐 기지배야~

다정
응 너무 행복해~~
집안일도 남편이 다 해줘

 현정
진짜?? 너는 하나도 안 해??

다정
응ㅎㅎ

청소할 때 뭘 깨먹었더니
He doesn't want me to help him now.
그는 이제 내가 그를 도와줄 것을 원하지 않아.

보내기

DAY 07

나는 뭘 주문할지 모르겠어.
I don't know what to order.

뭘 ~할지 …해

달콤 짭짤한 자장면..? 얼큰한 국물의 짬뽕..?
난 세상에서 이게 제일 어렵더라.
나는 뭘 주문할지 모르겠어.
I don't know what to order.

이렇게 말해요!

'주문하다'는 order, '뭘 주문할지'는 그 앞에 what to를 붙여서 말해요. '나는 뭘 주문할지 모르겠어'는 what 앞에 I don't know를 붙이면 돼요.

· 나는 **뭘 주문할지** 모르겠어.　　I don't know **what to order**.

★ what to는 '뭘 ~할지'라는 의미예요.

영어 문장을 **따라하며** 에코잉 해 보세요.

🎧 MP3를 들으며 메아리처럼 에코잉 해 보세요.

what to say/do
뭘 말할지/할지

😊 내가 대신 전해줄게. '**뭘 말할지 내게 말해줘.**'
Tell me **what to say**.
뭘 말할지 내게 말해줘.

😐 너무 당황해서 '나는 뭘 말할지 잊어버렸어.'
I forgot **what to say**.
나는 뭘 말할지 잊어버렸어.

☹️ 이런 상황에서 '나는 뭘 말할지 확실하지 않아.'
I'm not sure **what to say**.
나는 뭘 말할지 확실하지 않아.

😊 시작하기 전에 '너는 뭘 할지 결정해야 해.'
You should decide **what to do**.
너는 뭘 할지 결정해야 해.

😊 하나부터 열까지 '그는 내게 뭘 할지 가르쳐줬어.'
He taught me **what to do**.
그는 내게 뭘 할지 가르쳐줬어.

😐 그냥 쉬려고 '나는 뭘 할지 계획하지 않았어.'
I didn't plan **what to do**.
나는 뭘 할지 계획하지 않았어.

decide [디싸이드] 결정하다   **taught** [터트] teach의 과거

우리말만 보고 영어로 **자동발사** 해 보세요.

🎧 MP3를 들으며 자동발사가 되는지 확인해 보세요.

뭘 말할지/할지 — what to say/do

내가 대신 전해줄게.
뭘 말할지 내게 말해줘.

📢 Tell me what to say.

너무 당황해서
나는 뭘 말할지 잊어버렸어.

📢

이런 상황에서
나는 뭘 말할지 확실하지 않아.

📢

시작하기 전에
너는 뭘 할지 결정해야 해.

📢

하나부터 열까지
그는 내게 뭘 할지 가르쳐줬어.

📢

그냥 쉬려고
나는 뭘 할지 계획하지 않았어.

📢

영어 문장을 **따라하며** 에코잉 해 보세요.

MP3를 들으며 메아리처럼 에코잉 해 보세요.

what to eat/wear — 뭘 먹을지/입을지

식이요법이 중요해. '내가 네게 뭘 먹을지 말해줄게.'
I'll tell you **what to eat**.
내가 네게 뭘 먹을지 말해줄게.

쟤가 고른거야. '나는 뭘 먹을지 추천하지 않았어.'
I didn't recommend **what to eat**.
나는 뭘 먹을지 추천하지 않았어.

먹고 싶은 게 있으면 '너는 뭘 먹을지 제안할 수 있어.'
You can suggest **what to eat**.
너는 뭘 먹을지 제안할 수 있어.

나 좀 도와줘. '나는 뭘 입을지 전혀 모르겠어.'
I have no idea **what to wear**.
나는 뭘 입을지 전혀 모르겠어.

첫 출근 때 '그는 뭘 입을지 몰랐어.'
He didn't know **what to wear**.
그는 뭘 입을지 몰랐어.

그녀에게 잘 보이려고 '나는 뭘 입을지 고민하고 있었어.'
I was wondering **what to wear**.
나는 뭘 입을지 고민하고 있었어.

recommend [뤠커멘드] 추천하다   **suggest** [써제스트] 제안하다

자동발사 톡!

우리말만 보고 영어로 **자동발사** 해 보세요.

🎧 MP3를 들으며 자동발사가 되는지 확인해 보세요.

뭘 먹을지/입을지 — what to eat/wear

식이요법이 중요해.
내가 네게 뭘 먹을지 말해줄게.
📢 I'll tell you what to eat.

쟤가 고른거야.
나는 뭘 먹을지 추천하지 않았어.
📢

먹고 싶은 게 있으면
너는 뭘 먹을지 제안할 수 있어.
📢

나 좀 도와줘.
나는 뭘 입을지 전혀 모르겠어.
📢

첫 출근 때
그는 뭘 입을지 몰랐어.
📢

그녀에게 잘 보이려고
나는 뭘 입을지 고민하고 있었어.
📢

따라하며 톡!

영어 문장을 **따라하며** 에코잉 해 보세요.

🎧 MP3를 들으며 메아리처럼 에코잉 해 보세요.

what to bring/watch — 뭘 가져올지/볼지

😊 필요한 걸 생각해본 후 '그는 뭘 가져올지 결정했어.'
He decided **what to bring**. 그는 뭘 가져올지 결정했어.

😊 아무리 생각해도 '나는 뭘 가져올지 모르겠어.'
I don't know **what to bring**. 나는 뭘 가져올지 모르겠어.

😊 다음 주에 여행가니까 '우리는 뭘 가져올지 의논해야 해.'
We have to discuss **what to bring**. 우리는 뭘 가져올지 의논해야 해.

😊 내 친구는 영화광이라 '나는 뭘 볼지 그에게 물어봤어.'
I asked him **what to watch**. 나는 뭘 볼지 그에게 물어봤어.

😊 보고 싶은 공연이 너무 많아서 '나는 뭘 볼지 고를 수가 없어.'
I can't choose **what to watch**. 나는 뭘 볼지 고를 수가 없어.

😊 오늘 수업 시간에 '이 교수님은 뭘 볼지 우리에게 말해줬어.'
Professor Lee told us **what to watch**. 이 교수님은 뭘 볼지 우리에게 말해줬어.

discuss [디스커쓰] 의논하다   **professor** [프로풰써] 교수님

우리말만 보고 영어로 **자동발사** 해 보세요.

MP3를 들으며 자동발사가 되는지 확인해 보세요.

뭘 가져올지/볼지 — what to bring/watch

필요한 걸 생각해본 후
그는 뭘 가져올지 결정했어.
> He decided what to bring.

아무리 생각해도
나는 뭘 가져올지 모르겠어.

다음 주에 여행가니까
우리는 뭘 가져올지 의논해야 해.

내 친구는 영화광이라
나는 뭘 볼지 그에게 물어봤어.

보고 싶은 공연이 너무 많아서
나는 뭘 볼지 고를 수가 없어.

오늘 수업 시간에
이 교수님은 뭘 볼지 우리에게 말해줬어.

일상에서 쓰는 진짜 영어, 쉬운 영어!

7월 13일

 재영
요즘 5키로나 쪘어요ㅠㅠ

운동하는데 왜 이렇게 살이 찌는 걸까요?

PT쌤

식이요법이 중요해요.
I'll tell you what to eat.
제가 당신에게 뭘 먹을지 말해줄게요.

아침에 바나나 1개
점심엔 현미밥 반 공기
저녁은 방울 토마토 5개

 재영
저 그냥 오래오래 뚱뚱하고 행복하게 살게요;;

보내기

DAY 08

나는 어떻게 이 전화기를 사용하는지 배웠어.
I learned how to use this phone. 　　어떻게 ~하는지 …해

우리 손주가 어찌나 귀여운지 몰라.
전화기에 전부 담아두려고~
나는 어떻게 이 전화기를 사용하는지 배웠어.
I learned how to use this phone.

오~

이렇게 말해요!

'이 전화기를 사용하다'는 use this phone, '어떻게 이 전화기를 사용하는지'는 그 앞에 **how to**를 붙여서 말해요. '나는 어떻게 이 전화기를 사용하는지 배웠어'는 how 앞에 I learned를 붙이면 돼요.

· 나는 **어떻게** 이 전화기를 **사용하는지** 배웠어.　　I learned **how to use** this phone.

★ how to는 '어떻게 ~하는지'라는 의미예요.

영어 문장을 따라하며 에코잉 해 보세요.

MP3를 들으며 메아리처럼 에코잉 해 보세요.

how to cook/play   어떻게 요리하는지/연주하는지

😊 요리도 엄청 잘해서 '그는 내게 파스타를 어떻게 요리하는지 가르쳐줬어.'

He taught me **how to cook** pasta.

그는 내게 파스타를 어떻게 요리하는지 가르쳐줬어.

😊 TV에 나와서 '그녀는 닭을 어떻게 요리하는지 설명하고 있어.'

She is explaining **how to cook** chicken.

그녀는 닭을 어떻게 요리하는지 설명하고 있어.

☹ 한 번도 안 해봤는데, '너는 내게 스테이크를 어떻게 요리하는지 말해줄 수 있니?'

Can you tell me **how to cook** a steak?

너는 내게 스테이크를 어떻게 요리하는지 말해줄 수 있니?

😊 안 친지 오래됐지만 '나는 피아노를 어떻게 연주하는지 기억해.'

I remember **how to play** the piano.

나는 피아노를 어떻게 연주하는지 기억해.

😊 친한 형으로부터 '그는 기타를 어떻게 연주하는지 배웠어.'

He learned **how to play** the guitar.

그는 기타를 어떻게 연주하는지 배웠어.

😊 이번에 배웠다면서 '세나는 네게 바이올린을 어떻게 연주하는지 보여줬니?'

Did 세나 show you **how to play** the violin?

세나는 네게 바이올린을 어떻게 연주하는지 보여줬니?

explain [익스플레인] 설명하다   **violin** [봐이올린] 바이올린

우리말만 보고 영어로 **자동발사** 해 보세요.

MP3를 들으며 자동발사가 되는지 확인해 보세요.

어떻게 요리하는지/연주하는지   how to cook/play

요리도 엄청 잘해서
그는 내게 파스타를 어떻게 요리하는지 가르쳐줬어.

 He taught me how to cook pasta.

TV에 나와서
그녀는 닭을 어떻게 요리하는지 설명하고 있어.

한 번도 안 해봤는데,
너는 내게 스테이크를 어떻게 요리하는지 말해줄 수 있니?

안 친지 오래됐지만
나는 피아노를 어떻게 연주하는지 기억해.

친한 형으로부터
그는 기타를 어떻게 연주하는지 배웠어.

이번에 배웠다면서
세나는 네게 바이올린을 어떻게 연주하는지 보여줬니?

영어 문장을 **따라하며 에코잉** 해 보세요.

 MP3를 들으며 메아리처럼 에코잉 해 보세요.

how to find/avoid   어떻게 찾는지/피하는지

☺ 다행이야. '그녀는 그 장소를 어떻게 찾는지 알아.'
She knows **how to find** the place.   그녀는 그 장소를 어떻게 찾는지 알아.

☺ 인터넷 뉴스에서 '나는 아르바이트를 어떻게 찾는지에 대해 읽었어.'
I read about **how to find** a part-time job.
나는 아르바이트를 어떻게 찾는지에 대해 읽었어.

☹ 전화로 '그는 네게 그 가게를 어떻게 찾는지 말해줬니?'
Did he tell you **how to find** the store?
그는 네게 그 가게를 어떻게 찾는지 말해줬니?

😐 방법이 있다면 '나는 스트레스를 어떻게 피하는지 배우고 싶어.'
I want to learn **how to avoid** stress.
나는 스트레스를 어떻게 피하는지 배우고 싶어.

☺ 시작하기 전에 '우리는 그 문제를 어떻게 피하는지를 의논했어.'
We discussed **how to avoid** the problem.
우리는 그 문제를 어떻게 피하는지를 의논했어.

☺ 네 경험을 바탕으로 '너는 내게 실수를 어떻게 피하는지 가르쳐줄 수 있니?'
Can you teach me **how to avoid** mistakes?
너는 내게 실수를 어떻게 피하는지 가르쳐줄 수 있니?

part-time job [파트타임 잡] 아르바이트   **avoid** [어뷔이드] 피하다

우리말만 보고 영어로 **자동발사** 해 보세요.

🎧 MP3를 들으며 자동발사가 되는지 확인해 보세요.

어떻게 찾는지/피하는지 — how to find/avoid

다행이야.
그녀는 그 장소를 어떻게 찾는지 알아.
 She knows how to find the place.

인터넷 뉴스에서
나는 아르바이트를 어떻게 찾는지에 대해 읽었어.

전화로
그는 네게 그 가게를 어떻게 찾는지 말해줬니?

방법이 있다면
나는 스트레스를 어떻게 피하는지 배우고 싶어.

시작하기 전에
우리는 그 문제를 어떻게 피하는지를 의논했어.

네 경험을 바탕으로
너는 내게 실수를 어떻게 피하는지 가르쳐줄 수 있니?

영어 문장을 **따라하며 에코잉** 해 보세요.

 MP3를 들으며 메아리처럼 에코잉 해 보세요.

how to use/prepare 어떻게 사용하는지/준비하는지

☺ SNS 처음 시작한대서 '나는 그녀에게 페이스북을 어떻게 사용하는지 말해줬어.'
I told her **how to use** Facebook.
나는 그녀에게 페이스북을 어떻게 사용하는지 말해줬어.

☺ 원한다면 '내가 네게 이 기계를 어떻게 사용하는지 보여줄게.'
I'll show you **how to use** this machine.
내가 네게 이 기계를 어떻게 사용하는지 보여줄게.

☺ 내가 알려줄까? '너는 엑셀을 어떻게 사용하는지 잊었니?'
Did you forget **how to use** Excel?
너는 엑셀을 어떻게 사용하는지 잊었니?

☹ 본격적으로 시작하기 전에 '너는 그 시험을 위해 어떻게 준비하는지 확인해야 해.'
You should check **how to prepare** for the test.
너는 그 시험을 위해 어떻게 준비하는지 확인해야 해.

☺ 비결이 궁금해서 '나는 그녀에게 면접을 어떻게 준비하는지 물어봤어.'
I asked her **how to prepare** for an interview.
나는 그녀에게 면접을 어떻게 준비하는지 물어봤어.

☺ 신입 사원인데, '그는 그 업무를 어떻게 준비하는지 이해했니?'
Did he understand **how to prepare** for the work?
그는 그 업무를 어떻게 준비하는지 이해했니?

machine [머쉰] 기계 **prepare** [프리페어] 준비하다

자동발사 톡!

우리말만 보고 영어로 **자동발사** 해 보세요.

🎧 MP3를 들으며 자동발사가 되는지 확인해 보세요.

어떻게 사용하는지/준비하는지 — how to use/prepare

SNS 처음 시작한대서
나는 그녀에게 페이스북을 어떻게 사용하는지 말해줬어.
 I told her how to use Facebook.

원한다면
내가 네게 이 기계를 어떻게 사용하는지 보여줄게.

내가 알려줄까?
너는 엑셀을 어떻게 사용하는지 잊었니?

본격적으로 시작하기 전에
너는 그 시험을 위해 어떻게 준비하는지 확인해야 해.

비결이 궁금해서
나는 그녀에게 면접을 어떻게 준비하는지 물어봤어.

신입 사원인데,
그는 그 업무를 어떻게 준비하는지 이해했니?

일상에서 쓰는 진짜 영어, 쉬운 영어!

2월 19일

현주
나 요즘 요리 배우고 있어~

 희수
진짜?? 너 요리 싫어하잖아

현주
키 크고 잘생긴 남자가 TV에 나오더라고

요리도 엄청 잘해서
He taught me how to cook pasta.
그는 내게 파스타를 어떻게 요리하는지 가르쳐줬어.

 희수
그럼 그렇지...

그거 쳐다보다 다 태워먹지 말고...

 　　　　　　　　　　　　　　　　보내기

DAY 09

나는 머무를 장소가 필요해.
I need a place to stay.　　　　　　~할 ...가 ...해

이렇게 말해요!

'장소'는 a place, '머무를 장소'는 그 뒤에 to stay를 붙여서 말해요. '나는 머무를 장소가 필요해'는 a place 앞에 I need를 붙이면 돼요.

· 나는 **머무를 장소**가 필요해.　　I need **a place to stay**.

★ place 같은 장소나 사물 뒤에 to를 붙여 '~할'이라는 의미로 말할 수 있어요.

영어 문장을 **따라하며** 에코잉 해 보세요.

🎧 MP3를 들으며 메아리처럼 에코잉 해 보세요.

plan to ~ ~할 계획

😊 만만치 않은 상대라 '우리는 이길 계획이 필요해.'
We need a **plan to win**. 우리는 이길 계획이 필요해.

😊 함께 가줄게. '네가 방문할 계획이 있다면 내게 말해줘.'
Tell me if you got a **plan to visit**. 네가 방문할 계획이 있다면 내게 말해줘.

😐 시험 2주 전이라 '나는 공부할 계획을 세웠어.'
I made a **plan to study**. 나는 공부할 계획을 세웠어.

🙂 고민 끝에 '그는 그만둘 그의 계획을 바꿨어.'
He changed his **plan to quit**. 그는 그만둘 그의 계획을 바꿨어.

🙂 올해가 가기 전에 '그들은 결혼할 계획이 있니?'
Do they have a **plan to marry**? 그들은 결혼할 계획이 있니?

☹️ 룸메이트는 뭐래? '그녀는 이사할 그 계획에 대해 동의했니?'
Did she agree with the **plan to move**? 그녀는 이사할 그 계획에 대해 동의했니?

quit [큇] 그만두다 **agree** [어그뤼] 동의하다 **move** [무브] 이사하다

우리말만 보고 영어로 **자동발사** 해 보세요.

🎧 MP3를 들으며 자동발사가 되는지 확인해 보세요.

~할 계획   plan to ~

만만치 않은 상대라
우리는 이길 계획이 필요해.
📢 We need a plan to win.

함께 가줄게.
네가 방문할 계획이 있다면 내게 말해줘.

시험 2주 전이라
나는 공부할 계획을 세웠어.

고민 끝에
그는 그만둘 그의 계획을 바꿨어.

올해가 가기 전에
그들은 결혼할 계획이 있니?

룸메이트는 뭐래?
그녀는 이사할 그 계획에 대해 동의했니?

따라하며 톡!

영어 문장을 **따라하며 에코잉** 해 보세요.

🎧 MP3를 들으며 메아리처럼 에코잉 해 보세요.

way to ~ ~할 방법

😟 그냥 두고 볼 수 없잖아. '너는 네 친구를 도울 방법이 필요해.'
You need a **way to help** your friend.
너는 네 친구를 도울 방법이 필요해.

😐 여행 가려면 '나는 돈을 모을 방법을 찾아야 해.'
I should find a **way to save** money.   나는 돈을 모을 방법을 찾아야 해.

🙂 가서 물어보면 '그는 네게 그곳에 갈 방법을 말해줄 거야.'
He'll tell you the **way to get** there.
그는 네게 그곳에 갈 방법을 말해줄 거야.

🙂 고민 끝에 '그녀는 그 문제를 해결할 방법을 제안했어.'
She suggested a **way to solve** the problem.
그녀는 그 문제를 해결할 방법을 제안했어.

😟 무작정 외운다고? '그것은 영어를 배울 좋은 방법이니?'
Is it a good **way to learn** English?   그것은 영어를 배울 좋은 방법이니?

🙂 단시간에 '살을 뺄 가장 좋은 방법은 무엇이니?'
What's the best **way to lose** weight?
살을 뺄 가장 좋은 방법은 무엇이니?

get [겟] 가다, 도착하다   **suggest** [써제스트] 제안하다   **lose weight** [루즈 웨이트] 살을 빼다

자동발사 톡!

우리말만 보고 영어로 **자동발사** 해 보세요.

🎧 MP3를 들으며 자동발사가 되는지 확인해 보세요.

~할 방법   way to ~

그냥 두고 볼 수 없잖아.
너는 네 친구를 도울 방법이 필요해.
📢 You need a way to help your friend.

여행 가려면
나는 돈을 모을 방법을 찾아야 해.
📢

가서 물어보면
그는 네게 그곳에 갈 방법을 말해줄 거야.
📢

고민 끝에
그녀는 그 문제를 해결할 방법을 제안했어.
📢

무작정 외운다고?
그것은 영어를 배울 좋은 방법이니?
📢

단시간에
살을 뺄 가장 좋은 방법은 무엇이니?
📢

영어 문장을 따라하며 에코잉 해 보세요.

MP3를 들으며 메아리처럼 에코잉 해 보세요.

something to ~ ~할 뭔가

자기계발 측면에서 '나는 퇴근 후에 할 뭔가가 필요해.'
I need **something to do** after work. 나는 퇴근 후에 할 뭔가가 필요해.

잊지 말고 '수영장에서 입을 뭔가를 가져와.'
Please bring **something to wear** in the pool.
수영장에서 입을 뭔가를 가져와.

일어나면 '그녀는 아침식사로 먹을 뭔가를 만들 거야.'
She'll make **something to eat** for breakfast.
그녀는 아침식사로 먹을 뭔가를 만들 거야.

서점에 갔다가 '나는 리조트에서 읽을 뭔가를 샀어.'
I bought **something to read** at the resort.
나는 리조트에서 읽을 뭔가를 샀어.

아까 너 왜 불렀어? '그는 네게 말할 뭔가가 있었니?'
Did he have **something to say** to you?
그는 네게 말할 뭔가가 있었니?

기다리는 동안 '그들은 공짜로 마실 뭔가를 네게 줬니?'
Did they give you **something to drink** for free?
그들은 공짜로 마실 뭔가를 네게 줬니?

pool [풀] 수영장   resort [뤼조트] 리조트   for free [풔 프리] 공짜로

우리말만 보고 영어로 **자동발사** 해 보세요.

🎧 MP3를 들으며 자동발사가 되는지 확인해 보세요.

~할 뭔가   something to ~

자기계발 측면에서
나는 퇴근 후에 할 뭔가가 필요해.
📢 I need something to do after work.

잊지 말고
수영장에서 입을 뭔가를 가져와.

일어나면
그녀는 아침식사로 먹을 뭔가를 만들 거야.

서점에 갔다가
나는 리조트에서 읽을 뭔가를 샀어.

아까 너 왜 불렀어?
그는 네게 말할 뭔가가 있었니?

기다리는 동안
그들은 공짜로 마실 뭔가를 네게 줬니?

일상에서 쓰는 진짜 영어, 쉬운 영어!

8월 16일

 수민
미국 여행 준비는 잘 돼 가?

다은
서점에 갔다가
I bought something to read at the resort.
나는 리조트에서 읽을 뭔가를 샀어.

 수민
너가? 책을 샀다고?

다은
응ㅎㅎ 여행하는 동안 꼭 다 읽고 말 거야

 수민
너 책 읽는 속도도 엄청 느리잖아
한국에 다시 돌아올 수는 있는 거지?ㅋㅋㅋ

다은

보내기

DAY 10

나는 그 소식을 들어서 행복해.
I'm happy to hear the news. ~해서 …해

이렇게 말해요!

'그 소식을 듣다'는 hear the news, '그 소식을 들어서'는 to hear the news예요. '나는 그 소식을 들어서 기뻐'는 그 앞에 I'm happy를 붙이면 돼요.

· 나는 그 소식을 **들어서 행복해**.   I'm **happy to hear** the news.

★ happy나 sorry 같은 감정 뒤에 to를 붙여 '~해서'라는 의미로 말할 수 있어요.

영어 문장을 **따라하며** 에코잉 해 보세요.

🎧 MP3를 들으며 메아리처럼 에코잉 해 보세요.

happy/sorry to ~   ~해서 행복해/미안해

😊 이렇게라도 '나는 너를 봐서 행복해.'
> 영어 문장이 실제로 쓰이는 상황을 같이 보면 더 기억하기 쉬워요!

I'm **happy to see** you.   나는 너를 봐서 행복해.

😊 드디어 '나는 일자리를 얻어서 행복해.'

I'm **happy to get** a job.   나는 일자리를 얻어서 행복해.

😊 결혼 3년 만에 '그들은 아기를 가져서 행복해.'

They're **happy to have** a baby.   그들은 아기를 가져서 행복해.

☹ 네 일도 아닌데 '나는 너를 귀찮게 해서 미안해.'

I'm **sorry to bother** you.   나는 너를 귀찮게 해서 미안해.

☹ 바쁠 텐데 '나는 네 시간을 낭비해서 미안해.'

I'm **sorry to waste** your time.   나는 네 시간을 낭비해서 미안해.

☹ 표현은 안 했지만 '우리는 우리 부모님을 실망시켜서 미안해.'

We're **sorry to disappoint** our parents.
  우리는 우리 부모님을 실망시켜서 미안해.

bother [바더] 귀찮게 하다   **waste** [웨이스트] 낭비하다   **disappoint** [디쓰어포인트] 실망시키다

우리말만 보고 영어로 **자동발사** 해 보세요.

🎧 MP3를 들으며 자동발사가 되는지 확인해 보세요.

~해서 행복해/미안해   happy/sorry to ~

이렇게라도
나는 너를 봐서 행복해.

📢 I'm happy to see you.

드디어
나는 일자리를 얻어서 행복해.

📢

결혼 3년 만에
그들은 아기를 가져서 행복해.

📢

네 일도 아닌데
나는 너를 귀찮게 해서 미안해.

📢

바쁠 텐데
나는 네 시간을 낭비해서 미안해.

📢

표현은 안 했지만
우리는 우리 부모님을 실망시켜서 미안해.

📢

영어 문장을 **따라하며 에코잉** 해 보세요.

🎧 MP3를 들으며 메아리처럼 에코잉 해 보세요.

surprised/relieved to ~   ~해서 놀라워/안심해

🙂 우연히 지나가다가 '나는 그를 그녀와 함께 발견해서 놀랐어.'
I was **surprised to find** him with her.
나는 그를 그녀와 함께 발견해서 놀랐어.

😐 뒤늦게 '나는 그에 대한 진실을 알게 돼서 놀랐어.'
I was **surprised to discover** the truth about him.
나는 그에 대한 진실을 알게 돼서 놀랐어.

🙂 내가 올 줄 몰랐대. '그는 여기에서 나를 봐서 놀랐어.'
He was **surprised to see** me here.   그는 여기에서 나를 봐서 놀랐어.

🙂 운 좋게도 '나는 올해 그 시험을 통과해서 안심했어.'
I was **relieved to pass** the test this year.
나는 올해 그 시험을 통과해서 안심했어.

🙂 걱정하고 있었는데 '나는 그녀로부터 메시지를 받아서 안심했어.'
I was **relieved to receive** a message from her.
나는 그녀로부터 메시지를 받아서 안심했어.

🙂 내가 돌봐드릴 수 있으니까 '내 엄마는 내 집 근처에 있는 병원에 가서 안심했어.'
My mom was **relieved to go** to a hospital near my house.
내 엄마는 내 집 근처에 있는 병원에 가서 안심했어.

discover [디스커버] 알다, 발견하다   **relieved** [릴리브드] 안심하는   **receive** [리씨브] 받다

우리말만 보고 영어로 **자동발사** 해 보세요.

🎧 MP3를 들으며 자동발사가 되는지 확인해 보세요.

~해서 놀라워/안심해   surprised/relieved to ~

우연히 지나가다가
나는 그를 그녀와 함께 발견해서 놀랐어.
📣 I was surprised to find him with her.

뒤늦게
나는 그에 대한 진실을 알게 돼서 놀랐어.

내가 올 줄 몰랐대.
그는 여기에서 나를 봐서 놀랐어.

운 좋게도
나는 올해 그 시험을 통과해서 안심했어.

걱정하고 있었는데
나는 그녀로부터 메시지를 받아서 안심했어.

내가 돌봐드릴 수 있으니까
내 엄마는 내 집 근처에 있는 병원에 가서 안심했어.

영어 문장을 **따라하며 에코잉** 해 보세요.

🎧 MP3를 들으며 메아리처럼 에코잉 해 보세요.

excited/glad to ~ ? ~해서 신나니/기쁘니?

☺ 부럽다~ '너는 그 경기를 봐서 신나니?'
Are you **excited to watch** the game? 너는 그 경기를 봐서 신나니?

☺ 계속 바꾸고 싶어했잖아. '너는 새 전화기를 사서 신나니?'
Are you **excited to get** a new phone?
너는 새 전화기를 사서 신나니?

☺ 백화점 세일을 맞아 '그녀는 쇼핑을 가서 신나니?'
Is she **excited to go** shopping? 그녀는 쇼핑을 가서 신나니?

☺ 어때? 재미있지? '너는 파티에 와서 기쁘니?'
Are you **glad to come** to the party? 너는 파티에 와서 기쁘니?

☺ 첫 해외여행으로 '그들은 뉴욕을 방문해서 기쁘니?'
Are they **glad to visit** New York? 그들은 뉴욕을 방문해서 기쁘니?

☺ 승진 후 '그는 새 사무실로 옮겨서 기쁘니?'
Is he **glad to move** to the new office?
그는 새 사무실로 옮겨서 기쁘니?

get [겟] 사다, 얻다   **shopping** [샤핑] 쇼핑

자동발사 톡!

우리말만 보고 영어로 **자동발사** 해 보세요.

🎧 MP3를 들으며 자동발사가 되는지 확인해 보세요.

~해서 신나니/기쁘니? excited/glad to ~ ?

부럽다~
너는 그 경기를 봐서 신나니?
📢 Are you excited to watch the game?

계속 바꾸고 싶어했잖아.
너는 새 전화기를 사서 신나니?
📢

백화점 세일을 맞아
그녀는 쇼핑을 가서 신나니?
📢

어때? 재미있지?
너는 파티에 와서 기쁘니?
📢

첫 해외여행으로
그들은 뉴욕을 방문해서 기쁘니?
📢

승진 후
그는 새 사무실로 옮겨서 기쁘니?
📢

일상에서 쓰는 진짜 영어, 쉬운 영어!

9월 3일

 태영

시험 못 본 외국인 친구한테

'정말 안됐다'라고 얘기하고 싶은데 'You're...not...good...' 이래도 돼?

희수

헉! 'You're not good'은 '너는 정말 못한다'라는 뜻이야

I'm sorry to hear that.
나는 그 소식을 듣게 되어 유감이야.
라고 말해봐

sorry는 '미안하다' 말고도 '유감스러운'이라는 뜻도 있거든~

 태영

아 하마터면 큰일 날 뻔했네;;

보내기

DAY 11

거짓말하는 것은 쉬워.
It's easy to lie.   ~하는 것은 …해

이렇게 말해요!

'거짓말 하다'는 lie, '거짓말하는 것'은 to lie예요. '거짓말하는 것은 쉬워'는 앞에 It's easy를 붙이면 돼요.

· 거짓말하는 것은 쉬워.   It's easy to lie.

to lie 앞에 for him을 붙이면 '그가 거짓말하는 것은 쉬워'라는 의미가 돼요.

· 그가 거짓말하는 것은 쉬워.   It's easy for him to lie.

영어 문장을 따라하며 에코잉 해 보세요.

🎧 MP3를 들으며 메아리처럼 에코잉 해 보세요.

It's easy/important to ~   ~하는 것은 쉬워/중요해

😒 실행하긴 어렵지만 '말하는 것은 쉬워.' 〈영어 문장이 실제로 쓰이는 상황을 같이 보면 더 기억하기 쉬워요!〉
It's easy **to say**.   말하는 것은 쉬워.

🙂 생각보다 가벼워서 '그 상자를 옮기는 것은 쉬워.'
It's easy **to move** the box.   그 상자를 옮기는 것은 쉬워.

🙂 한자를 많이 알면 '중국어를 배우는 것은 쉬워.'
It's easy **to learn** Chinese.   중국어를 배우는 것은 쉬워.

🙂 유권자로서 '투표하는 것은 중요해.'
It's important **to vote**.   투표하는 것은 중요해.

🙂 좋은 대학 가려면 '열심히 공부하는 것은 중요해.'
It's important **to study** hard.   열심히 공부하는 것은 중요해.

🙂 바쁠 때일수록 '너의 자유시간을 즐기는 것은 중요해.'
It's important **to enjoy** your free time.
                                              너의 자유시간을 즐기는 것은 중요해.

vote [붜트] 투표하다   hard [하드] 열심히

우리말만 보고 영어로 **자동발사** 해 보세요.

🎧 MP3를 들으며 자동발사가 되는지 확인해 보세요.

~하는 것은 쉬워/중요해   It's easy/important to ~

실행하긴 어렵지만
말하는 것은 쉬워.
📢 It's easy to say.

생각보다 가벼워서
그 상자를 옮기는 것은 쉬워.
📢

한자를 많이 알면
중국어를 배우는 것은 쉬워.
📢

유권자로서
투표하는 것은 중요해.
📢

좋은 대학 가려면
열심히 공부하는 것은 중요해.
📢

바쁠 때일수록
너의 자유시간을 즐기는 것은 중요해.
📢

영어 문장을 **따라하며** 에코잉 해 보세요.

🎧 MP3를 들으며 메아리처럼 에코잉 해 보세요.

It isn't hard/right for 누구 to ~ 누가 ~하는 것은 어렵지/옳지 않아

😊 자취생이라 '그가 요리하는 것은 어렵지 않아.'
It isn't hard **for him to cook**.   그가 요리하는 것은 어렵지 않아.

😊 원리만 알면 '네가 그것을 이해하는 것은 어렵지 않아.'
It isn't hard **for you to understand** that.
네가 그것을 이해하는 것은 어렵지 않아.

😊 전문가들이라 '그들이 그 문제를 해결하는 것은 어렵지 않아.'
It isn't hard **for them to solve** the problem.
그들이 그 문제를 해결하는 것은 어렵지 않아.

☹ 모범을 보여야지. '그들이 거짓말하는 것은 옳지 않아.'
It isn't right **for them to lie**.   그들이 거짓말하는 것은 옳지 않아.

☹ 아직 미성년자니까 '네가 맥주를 마시는 것은 옳지 않아.'
It isn't right **for you to drink** beer.   네가 맥주를 마시는 것은 옳지 않아.

☹ 단체 생활이기 때문에 '그들이 그 규칙을 깨는 것은 옳지 않아.'
It isn't right **for them to break** the rule.
그들이 그 규칙을 깨는 것은 옳지 않아.

solve [쏠브] 해결하다   **break** [브뤠이크] 깨다, 어기다

자동발사 톡!

우리말만 보고 영어로 **자동발사** 해 보세요.

🎧 MP3를 들으며 자동발사가 되는지 확인해 보세요.

누가 ~하는 것은 어렵지/옳지 않아 　It isn't hard/right for 누구 to ~

자취생이라
그가 요리하는 것은 어렵지 않아.
📢 It isn't hard for him to cook.

원리만 알면
네가 그것을 이해하는 것은 어렵지 않아.
📢

전문가들이라
그들이 그 문제를 해결하는 것은 어렵지 않아.
📢

모범을 보여야지.
그들이 거짓말하는 것은 옳지 않아.
📢

아직 미성년자니까
네가 맥주를 마시는 것은 옳지 않아.
📢

단체 생활이기 때문에
그들이 그 규칙을 깨는 것은 옳지 않아.
📢

따라하며 톡!

영어 문장을 **따라하며 에코잉** 해 보세요.

🎧 MP3를 들으며 메아리처럼 에코잉 해 보세요.

Was it okay/wise for 누구 to ~? 누가 ~하는 것은 괜찮았니/현명했니?

😊 다 못 끝냈는데, '네가 자는 것은 괜찮았니?'
Was it okay **for you to sleep**? 　　　네가 자는 것은 괜찮았니?

☹️ 다들 남아있는데, '네가 일찍 떠나는 것은 괜찮았니?'
Was it okay **for you to leave** early? 　　　네가 일찍 떠나는 것은 괜찮았니?

😐 출석 체크하는데, '그가 수업을 빼먹는 것은 괜찮았니?'
Was it okay **for him to skip** class? 　　　그가 수업을 빼먹는 것은 괜찮았니?

😊 세일할 때까지 '네가 기다리는 것은 현명했니?'
Was it wise **for you to wait**? 　　　네가 기다리는 것은 현명했니?

😊 더 늦기 전에 '그가 직업을 바꾸는 것은 현명했니?'
Was it wise **for him to change** jobs? 　　　그가 직업을 바꾸는 것은 현명했니?

😐 소신을 버리고 '그녀가 그 조언을 따르는 것은 현명했니?'
Was it wise **for her to follow** the advice? 　　　그녀가 그 조언을 따르는 것은 현명했니?

leave [리브] 떠나다　　**skip class** [스킵 클래스] 수업을 빼먹다　　**advice** [어드바이쓰] 조언

우리말만 보고 영어로 **자동발사** 해 보세요.

🎧 MP3를 들으며 자동발사가 되는지 확인해 보세요.

누가 ~하는 것은 괜찮았니/현명했니? Was it okay/wise for 누구 to ~?

다 못 끝냈는데,
네가 자는 것은 괜찮았니?

📢 Was it okay for you to sleep?

다들 남아있는데,
네가 일찍 떠나는 것은 괜찮았니?

📢

출석 체크하는데,
그가 수업을 빼먹는 것은 괜찮았니?

📢

세일할 때까지
네가 기다리는 것은 현명했니?

📢

더 늦기 전에
그가 직업을 바꾸는 것은 현명했니?

📢

소신을 버리고
그녀가 그 조언을 따르는 것은 현명했니?

📢

일상에서 쓰는 진짜 영어, 쉬운 영어!

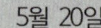
5월 20일

허니
자기야 사진 너무너무 예쁘다♥♥♥

 자기
그렇지?
김태희같이 나온 것 같아ㅎㅎ

허니

사랑하는 사이라도
It isn't right to lie.
거짓말하는 것은 옳지 않아.

 자기
뭐라고?!

허니
자기가 김태희보다 훨씬 예쁘다구~~하하;;

   보내기

DAY 12

나는 그녀가 웃게 만들었어.
I made her laugh. *누가 ~하게 만들어*

이렇게 말해요!

'나는 그녀가 (~하게) 만들었어'는 I made her ~, '나는 그녀가 웃게 만들었어'는 그 뒤에 laugh를 붙이면 돼요.

· 나는 그녀가 웃게 만들었어.　　I made her laugh.

따라하며 톡!

영어 문장을 **따라하며** 에코잉 해 보세요.

MP3를 들으며 메아리처럼 에코잉 해 보세요.

make 누구 ~   누가 ~하게 만들어

😊 숙제를 내주고 '나는 그가 공부하게 만들었어.'
영어 문장이 실제로 쓰이는 상황을 같이 보면 더 기억하기 쉬워요!
I **made him study**.   나는 그가 공부하게 만들었어.

😐 모두 앞에서 '그녀는 그가 사과하게 만들었어.'
She **made him apologize**.   그녀는 그가 사과하게 만들었어.

😊 급한 건 아니라 '그는 우리가 그 일을 끝내게 만들지 않았어.'
He didn't **make us finish** the work.
                                              그는 우리가 그 일을 끝내게 만들지 않았어.

😊 내가 힘든 걸 알고 '그는 내가 설거지하게 만들지 않았어.'
He didn't **make me wash** the dishes.
                                              그는 내가 설거지하게 만들지 않았어.

😊 갑자기 깨끗해졌네? '그는 어제 네가 네 방을 치우게 만들었니?'
Did he **make you clean** your room yesterday?
                                              그는 어제 네가 네 방을 치우게 만들었니?

😐 복장 규정이라며 '그녀는 직장에서 네가 하이힐을 신게 만들었니?'
Did she **make you wear** high heels at work?
                                              그녀는 직장에서 네가 하이힐을 신게 만들었니?

apologize [어팔러좌이즈] 사과하다   **wash the dishes** [워쉬 더 디쉬즈] 설거지하다   **wear** [웨어] 신다

우리말만 보고 영어로 **자동발사** 해 보세요.

🎧 MP3를 들으며 자동발사가 되는지 확인해 보세요.

누가 ~하게 만들어   make 누구 ~

숙제를 내주고
나는 그가 공부하게 만들었어.
📢 I made him study.

모두 앞에서
그녀는 그가 사과하게 만들었어.

급한 건 아니라
그는 우리가 그 일을 끝내게 만들지 않았어.

내가 힘든 걸 알고
그는 내가 설거지하게 만들지 않았어.

갑자기 깨끗해졌네?
그는 어제 네가 네 방을 치우게 만들었니?

복장 규정이라며
그녀는 직장에서 네가 하이힐을 신게 만들었니?

따라하며 톡!

영어 문장을 따라하며 에코잉 해 보세요.

🎧 MP3를 들으며 메아리처럼 에코잉 해 보세요.

have 누구 ~   누가 ~하게 해

😊 혼자 있기 싫어서 '나는 그가 머무르게 했어.'
I **had him stay**.   나는 그가 머무르게 했어.

😐 준비할 동안 '나는 수지가 기다리게 했어.'
I **had 수지 wait**.   나는 수지가 기다리게 했어.

☹️ 시간 낭비일 것 같아서 '그녀는 민수가 그 동호회를 가입하게 하지 않았어.'
She didn't **have 민수 join** the club.
                                             그녀는 민수가 그 동호회를 가입하게 하지 않았어.

😊 자기가 처리한다고 '그는 내가 어려운 일을 하게 하지 않았어.'
He didn't **have me do** the hard work.
                                             그는 내가 어려운 일을 하게 하지 않았어.

😊 기념일이라며 '그녀는 그가 그녀를 위해 꽃을 사게 했니?'
Did she **have him buy** flowers for her?
                                             그녀는 그가 그녀를 위해 꽃을 사게 했니?

😊 집밥 먹고 싶다고 '너는 네 엄마가 너를 위해 아침식사를 요리하게 했니?'
Did you **have your mom cook** breakfast for you?
                                             너는 네 엄마가 너를 위해 아침식사를 요리하게 했니?

---

club [클럽] 동호회   hard [하드] 어려운   breakfast [브뤡퍼스트] 아침식사

우리말만 보고 영어로 **자동발사** 해 보세요.

🎧 MP3를 들으며 자동발사가 되는지 확인해 보세요.

누가 ~하게 해   have 누구 ~

혼자 있기 싫어서
나는 그가 머무르게 했어.

📢 I had him stay.

준비할 동안
나는 수지가 기다리게 했어.

📢

시간 낭비일 것 같아서
그녀는 민수가 그 동호회를 가입하게 하지 않았어.

📢

자기가 처리한다고
그는 내가 어려운 일을 하게 하지 않았어.

📢

기념일이라며
그녀는 그가 그녀를 위해 꽃을 사게 했니?

📢

집밥 먹고 싶다고
너는 네 엄마가 너를 위해 아침식사를 요리하게 했니?

📢

영어 문장을 **따라하며** 에코잉 해 보세요.

🎧 MP3를 들으며 메아리처럼 에코잉 해 보세요.

let 누구 ~   누가 ~하게 둬

😞 이번에는 '그가 시도하게 둬.'
Let him try.   그가 시도하게 둬.

😐 그만하고 '그녀가 가게 둬.'
Let her go.   그녀가 가게 둬.

😞 사고 낼까 봐 '나는 그가 내 차를 운전하게 두지 않았어.'
I didn't **let him drive** my car.   나는 그가 내 차를 운전하게 두지 않았어.

😞 내가 부탁했는데 '그는 내가 그의 카메라를 사용하게 두지 않았어.'
He didn't **let me use** his camera.
                                        그는 내가 그의 카메라를 사용하게 두지 않았어.

😞 아직 어린데 '너는 그녀가 밤에 TV를 보게 뒀니?'
Did you **let her watch** TV at night?   너는 그녀가 밤에 TV를 보게 뒀니?

😐 학교 끝나고 '그녀는 민지가 그녀의 친구들과 놀게 뒀니?'
Did she **let 민지 play** with her friends?
                                        그녀는 민지가 그녀의 친구들과 놀게 뒀니?

try [트라이] 시도하다   **camera** [캐머롸] 카메라   **at night** [엣 나잇] 밤에

우리말만 보고 영어로 **자동발사** 해 보세요.

🎧 MP3를 들으며 자동발사가 되는지 확인해 보세요.

누가 ~하게 둬   let 누구 ~

이번에는
그가 시도하게 둬.
📢 Let him try.

그만하고
그녀가 가게 둬.
📢

사고 낼까 봐
나는 그가 내 차를 운전하게 두지 않았어.
📢

내가 부탁했는데
그는 내가 그의 카메라를 사용하게 두지 않았어.
📢

아직 어린데
너는 그녀가 밤에 TV를 보게 뒀니?
📢

학교 끝나고
그녀는 민지가 그녀의 친구들과 놀게 뒀니?
📢

일상에서 쓰는 진짜 영어, 쉬운 영어!

11월 15일

딸

아빠ㅠㅠ

오빠 좀 혼내줘!!

내가 부탁했는데
He didn't let me use his camera.
그는 내가 그의 카메라를 사용하게 두지 않았어.

아빠가 뭐라고 좀 해봐

 아빠

딸아.. 네 핸드폰마다 액정이 산산조각 나는 거 보면 나라도 빌려주기 무섭구나..

딸

보내기

DAY 13

나는 그가 우는 것을 들었어.
I heard him cry.   누가 ~하는 것을 들어

이렇게 말해요!

'나는 그(의 소리)를 들었어'는 I heard him, '나는 그가 우는 것을 들었어'는 그 뒤에 cry를 붙이면 돼요.

- 나는 **그가 우는 것을 들었어.**   I **heard him cry**.

영어 문장을 **따라하며 에코잉** 해 보세요.

MP3를 들으며 메아리처럼 에코잉 해 보세요.

hear 누구 ~ 누가 ~하는 것을 들어

😊 그 때 처음으로 '나는 네가 노래하는 것을 들었어.'
I **heard you sing**. 　　　　　　나는 네가 노래하는 것을 들었어.

영어 문장이 실제로 쓰이는 상황을 같이 보면 더 기억하기 쉬워요!

😐 우연히 '나는 그녀가 속삭이는 것을 들었어.'
I **heard her whisper**. 　　　　나는 그녀가 속삭이는 것을 들었어.

☹ 금시초문이야. '나는 그가 그렇게 말하는 것을 듣지 못했어.'
I didn't **hear him say** so. 　　나는 그가 그렇게 말하는 것을 듣지 못했어.

😐 너무 시끄러워서 '그녀는 그가 그녀의 이름을 부르는 것을 듣지 못했어.'
She didn't **hear him call** her name.
　　　　　　　　　　그녀는 그가 그녀의 이름을 부르는 것을 듣지 못했어.

☹ 혹시 '그들은 지난밤 우리가 싸우는 것을 들었니?'
Did they **hear us fight** last night?
　　　　　　　　　　그들은 지난밤 우리가 싸우는 것을 들었니?

😊 너무 멋있더라! '너는 민수가 카페에서 피아노 연주하는 것을 들었니?'
Did you **hear 민수 play** the piano at the café?
　　　　　　　　　　너는 민수가 카페에서 피아노 연주하는 것을 들었니?

whisper [위스퍼] 속삭이다　　**say so** [쎄이 쏘] 그렇게 말하다

자동발사 톡!

우리말만 보고 영어로 **자동발사** 해 보세요.

🎧 MP3를 들으며 자동발사가 되는지 확인해 보세요.

누가 ~하는 것을 들어　　　　　　　　hear 누구 ~

그 때 처음으로
나는 네가 노래하는 것을 들었어.
 I heard you sing.

우연히
나는 그녀가 속삭이는 것을 들었어.

금시초문이야.
나는 그가 그렇게 말하는 것을 듣지 못했어.

너무 시끄러워서
그녀는 그가 그녀의 이름을 부르는 것을 듣지 못했어.

혹시
그들은 지난밤 우리가 싸우는 것을 들었니?

너무 멋있더라!
너는 민수가 카페에서 피아노 연주하는 것을 들었니?

따라하며 톡!

영어 문장을 **따라하며 에코잉** 해 보세요.

🎧 MP3를 들으며 메아리처럼 에코잉 해 보세요.

see 누구 ~ 　　　　　　　　　　　　　　　　　누가 ~하는 것을 봐

☹ 학교에서 '나는 민호가 우는 것을 봤어.'
I **saw 민호 cry**. 　　　　　　　　　　나는 민호가 우는 것을 봤어.

🙂 어젯밤에 '나는 그가 도착하는 것을 봤어.'
I **saw him arrive**. 　　　　　　　　　나는 그가 도착하는 것을 봤어.

😐 거의 새 것일걸? '나는 그녀가 그 도구를 사용하는 것을 보지 못했어.'
I didn't **see her use** the tool.
　　　　　　　　　　　　　나는 그녀가 그 도구를 사용하는 것을 보지 못했어.

☹ 그날 못 가서 '나는 그들이 테니스를 치는 것을 보지 못했어.'
I didn't **see them play** tennis. 　나는 그들이 테니스를 치는 것을 보지 못했어.

🙂 난 못 봤는데, '그는 수지가 그녀의 친구와 떠나는 것을 봤니?'
Did he **see 수지 leave** with her friend?
　　　　　　　　　　　　　그는 수지가 그녀의 친구와 떠나는 것을 봤니?

☹ 그 시간에 '너는 그가 학교 근처에서 길을 건너는 것을 봤니?'
Did you **see him cross** the street near school?
　　　　　　　　　　　　　너는 그가 학교 근처에서 길을 건너는 것을 봤니?

arrive [어라이브] 도착하다　**tool** [툴] 도구　**cross** [크로쓰] 건너다　**near** [니어] 근처에서

자동발사 톡!

우리말만 보고 영어로 **자동발사** 해 보세요.

🎧 MP3를 들으며 자동발사가 되는지 확인해 보세요.

누가 ~하는 것을 봐   see 누구 ~

학교에서
나는 민호가 우는 것을 봤어.
 I saw 민호 cry.

어젯밤에
나는 그가 도착하는 것을 봤어.

거의 새 것일걸?
나는 그녀가 그 도구를 사용하는 것을 보지 못했어.

그날 못 가서
나는 그들이 테니스를 치는 것을 보지 못했어.

난 못 봤는데,
그는 수지가 그녀의 친구와 떠나는 것을 봤니?

그 시간에
너는 그가 학교 근처에서 길을 건너는 것을 봤니?

일상에서 쓰는 진짜 영어, 쉬운 영어!

2월 2일

수민
> 어제 깜짝 놀랐잖아

> 학교에서
> **I saw 민호 cry.**
> 나는 민호가 우는 것을 봤어

 성훈
> 민호한테 무슨 일 있었어?

수민
> 웹툰 보는데 주인공이 고백하다 차였대

 성훈
> 갠 뭐 그런 걸로 울고 그러냐ㅋㅋㅋ

> 혹시 그거 자기 이야기 아니야…?

 　　　　　　　　　　　　보내기

DAY 14

나는 그 상자들을 옮기는 것을 도왔어.
I helped (to) move the boxes.   ~하는 것을 도왔어

왜 몸져누워있냐고?
어제 친구가 이사를 한다고 해서
나는 그 상자들을 옮기는 것을 도왔어.
I helped (to) move the boxes.

이렇게 말해요!

'그 상자들을 옮기는 것'은 to move the boxes, '나는 그 상자들을 옮기는 것을 도왔어'는 그 앞에 I helped 를 붙이면 돼요. help 뒤에 to는 생략할 수 있어요.

- 나는 그 상자들을 **옮기는 것을 도왔어**.   **I helped (to) move** the boxes.

help 뒤에 him을 붙이면 '나는 그가 그 상자들을 옮기는 것을 도왔어'라는 의미가 돼요.

- 나는 **그가** 그 상자들을 **옮기는 것을 도왔어**. **I helped him (to) move** the boxes.

따라하며 톡!

영어 문장을 따라하며 에코잉 해 보세요.

🎧 MP3를 들으며 메아리처럼 에코잉 해 보세요.

help (to) ~   ~하는 것을 도와

😊 먼저 도착해서 '그녀는 저녁을 요리하는 것을 도왔어.'
She **helped (to) cook** dinner.   그녀는 저녁을 요리하는 것을 도왔어.

😊 너무 오래 걸리는 것 같아서 '나는 그 숙제를 끝내는 것을 도왔어.'
I **helped (to) finish** the homework.   나는 그 숙제를 끝내는 것을 도왔어.

😊 매주 주말에 '우리는 세차하는 것을 도울 수 있어.'
We can **help (to) wash** the car.   우리는 세차하는 것을 도울 수 있어.

😐 조금만 기다려 봐. '나는 그 장소를 치우는 것을 도울 수 있어.'
I can **help (to) clean** the place.   나는 그 장소를 치우는 것을 도울 수 있어.

😊 혼자서는 못 해. '그는 그 탁자를 옮기는 것을 도울 거야.'
He'll **help (to) move** the table.   그는 그 탁자를 옮기는 것을 도울 거야.

😊 걱정하지 마. '그는 그 프로그램을 설치하는 것을 도울 거야.'
He'll **help (to) install** the program.
그는 그 프로그램을 설치하는 것을 도울 거야.

wash the car [워쉬 더 카] 세차하다   install [인스톨] 설치하다

우리말만 보고 영어로 **자동발사** 해 보세요.

🎧 MP3를 들으며 자동발사가 되는지 확인해 보세요.

~하는 것을 도와   help (to) ~

먼저 도착해서
그녀는 저녁을 요리하는 것을 도왔어.
📢 She helped (to) cook dinner.

너무 오래 걸리는 것 같아서
나는 그 숙제를 끝내는 것을 도왔어.

매주 주말에
우리는 세차하는 것을 도울 수 있어.

조금만 기다려 봐.
나는 그 장소를 치우는 것을 도울 수 있어.

혼자서는 못 해.
그는 그 탁자를 옮기는 것을 도울 거야.

걱정하지 마.
그는 그 프로그램을 설치하는 것을 도울 거야.

영어 문장을 **따라하며 에코잉** 해 보세요.

🎧 MP3를 들으며 메아리처럼 에코잉 해 보세요.

help 누구 (to) ~   누가 ~하는 것을 도와

😟 보다 못해 '그녀는 내가 저녁 식사 요리하는 것을 도왔어.'
She **helped me (to) cook** dinner.
그녀는 내가 저녁 식사 요리하는 것을 도왔어.

🙂 당신이 없는 동안 '나는 우리 아들이 그의 숙제를 끝내는 것을 도왔어.'
I **helped our son (to) finish** his homework.
나는 우리 아들이 그의 숙제를 끝내는 것을 도왔어.

🙂 퇴근 후에 '우리는 그가 세차하는 것을 도울 수 있어.'
We can **help him (to) wash** the car.
우리는 그가 세차하는 것을 도울 수 있어.

🙂 원한다면 '나는 그들이 그 장소를 치우는 것을 도울 수 있어.'
I can **help them (to) clean** the place.
나는 그들이 그 장소를 치우는 것을 도울 수 있어.

😟 그거 무거워. '그는 네가 그 탁자를 옮기는 것을 도울 거야.'
He'll **help you (to) move** the table.
그는 네가 그 탁자를 옮기는 것을 도울 거야.

🙂 직접 가르쳐준댔어. '그는 수미가 그 프로그램을 설치하는 것을 도울 거야.'
He'll **help 수미 (to) install** the program.
그는 수미가 그 프로그램을 설치하는 것을 도울 거야.

wash the car [워쉬 더 카] 세차하다   **install** [인스톨] 설치하다

자동발사 톡!

우리말만 보고 영어로 **자동발사** 해 보세요.

🎧 MP3를 들으며 자동발사가 되는지 확인해 보세요.

누가 ~하는 것을 도와   help 누구 (to) ~

보다 못해
그녀는 내가 저녁 식사 요리하는 것을 도왔어.
 She helped me (to) cook dinner.

당신이 없는 동안
나는 우리 아들이 그의 숙제를 끝내는 것을 도왔어.

퇴근 후에
우리는 그가 세차하는 것을 도울 수 있어.

원한다면
나는 그들이 그 장소를 치우는 것을 도울 수 있어.

그거 무거워.
그는 네가 그 탁자를 옮기는 것을 도울 거야.

직접 가르쳐준댔어.
그는 수미가 그 프로그램을 설치하는 것을 도울 거야.

영어 문장을 **따라하며** 에코잉 해 보세요.

🎧 MP3를 들으며 메아리처럼 에코잉 해 보세요.

help 누구 (to) ~?   누가 ~하는 것을 도와?

😊 혼자 했어? 아니면, '그녀는 네가 저녁 식사 요리하는 것을 도왔니?'

Did she help you (to) cook dinner?

그녀는 네가 저녁 식사 요리하는 것을 도왔니?

😊 어제 '너는 우리 아들이 그의 숙제를 끝내는 것을 도왔니?'

Did you help our son (to) finish his homework?

너는 우리 아들이 그의 숙제를 끝내는 것을 도왔니?

😊 같이 가서 '너는 그가 세차하는 것을 도울 수 있니?'

Can you help him (to) wash the car?

너는 그가 세차하는 것을 도울 수 있니?

😊 약속 없으면 '너는 퇴근 후에 그들이 그 장소를 치우는 것을 도울 수 있니?'

Can you help them (to) clean the place after work?

너는 퇴근 후에 그들이 그 장소를 치우는 것을 도울 수 있니?

😊 청소할 때 '너는 내가 그 탁자를 옮기는 것을 도울 거니?'

Will you help me (to) move the table?

너는 내가 그 탁자를 옮기는 것을 도울 거니?

😊 나 대신 '너는 수미가 나중에 그 프로그램을 설치하는 것을 도울 거니?'

Will you help 수미 (to) install the program later?

너는 수미가 나중에 그 프로그램을 설치하는 것을 도울 거니?

wash the car [워쉬 더 카] 세차하다   **install** [인스톨] 설치하다

우리말만 보고 영어로 **자동발사** 해 보세요.

MP3를 들으며 자동발사가 되는지 확인해 보세요.

누가 ~하는 것을 도와?   **help 누구 (to) ~?**

혼자 했어? 아니면,
그녀는 네가 저녁 식사 요리하는 것을 도왔니?
 Did she help you (to) cook dinner?

어제
너는 우리 아들이 그의 숙제를 끝내는 것을 도왔니?

같이 가서
너는 그가 세차하는 것을 도울 수 있니?

약속 없으면
너는 퇴근 후에 그들이 그 장소를 치우는 것을 도울 수 있니?

청소할 때
너는 내가 그 탁자를 옮기는 것을 도울 거니?

나 대신
너는 수미가 나중에 그 프로그램을 설치하는 것을 도울 거니?

일상에서 쓰는 진짜 영어, 쉬운 영어!

3월 31일

 남편
여보

당신이 없는 동안
I helped our son finish his homework.
나는 우리 아들이 그의 숙제를 끝내는 것을 도왔어.

아내
아~~ 당신이 도와준 거야~??

 남편
응ㅎㅎ 나 잘했지?

아내
어쩐지...

맨날 100점 받던 숙제를 어제는 60점을 받아왔더라고!!!

   보내기

DAY 15

자는 그 아기는 귀여워.
The sleeping baby is cute.

-하는 …는 …해

나도 빨리 낳고 싶다~ 저기 저 아기 좀 봐 엄마 품에 꼭 안겨서 잠들었나 봐~

자는 그 아기는 귀여워.
The sleeping baby is cute.

쌔근쌔근

이렇게 말해요!

'그 아기'는 the baby, '자는 그 아기'는 baby 앞에 sleeping을 붙여서 말해요. '자는 그 아기는 귀여워'는 맨 뒤에 is cute를 붙이면 돼요.

· 자는 그 아기는 귀여워.   The **sleeping baby** is cute.

★ '~된, ~해진'이라는 의미로 말할 때는, 행동에 ing말고 ed를 붙여요. 또는 broken처럼 다른 단어(불규칙 동사)로 바꾸는 경우도 있어요. (레벨업 길게 말하기 1탄 p.31 참고)

· 나는 업데이트된 그 프로그램을 추천해. I recommend the **updated** program.
· 그 깨어진 창문은 위험해. The **broken** window is dangerous.

영어 문장을 **따라하며** 에코잉 해 보세요.

🎧 MP3를 들으며 메아리처럼 에코잉 해 보세요.

working moms — 일하는 엄마들

😟 알다시피 '일하는 엄마들은 바빠.'
> 영어 문장이 실제로 쓰이는 상황을 같이 보면 더 기억하기 쉬워요.

Working moms are busy. — 일하는 엄마들은 바빠.

😊 대부분의 경우 '일하는 엄마들은 그들의 가족들로부터 도움이 필요해.'

Working moms need help from their family. — 일하는 엄마들은 그들의 가족들로부터 도움이 필요해.

😊 누가 뭐라 해도 '일하는 엄마들은 그들의 자유시간을 즐겨야 해.'

Working moms should enjoy their free time. — 일하는 엄마들은 그들의 자유시간을 즐겨야 해.

😟 도와줘야 해. '일하는 엄마들은 슈퍼우먼이 아니야.'

Working moms aren't superwomen. — 일하는 엄마들은 슈퍼우먼이 아니야.

😟 집안일까지 해야 돼서 '일하는 엄마들은 쉴 시간이 없어.'

Working moms don't have time to rest. — 일하는 엄마들은 쉴 시간이 없어.

---

free time [프리 타임] 자유시간　　superwoman [수퍼워먼] 슈퍼우먼　　rest [뤠스트] 쉬다

자동발사 톡!

우리말만 보고 영어로 **자동발사** 해 보세요.

🎧 MP3를 들으며 자동발사가 되는지 확인해 보세요.

일하는 엄마들   **working moms**

알다시피
일하는 엄마들은 바빠.

 Working moms are busy.

대부분의 경우
일하는 엄마들은 그들의 가족들로부터 도움이 필요해.

누가 뭐라 해도
일하는 엄마들은 그들의 자유시간을 즐겨야 해.

도와줘야 해.
일하는 엄마들은 슈퍼우먼이 아니야.

집안일까지 해야 돼서
일하는 엄마들은 쉴 시간이 없어.

영어 문장을 **따라하며 에코잉** 해 보세요.

crying baby   우는 아기

😊 아이가 태어나자 '그들은 우는 그 아기에게 미소 지었어.'

They smiled at the **crying baby**.

그들은 우는 그 아기에게 미소 지었어.

☹️ 밤새도록 '그녀는 우는 그녀의 아기를 진정시키기 위해 노력했어.'

She tried to calm her **crying baby**.

그녀는 우는 그녀의 아기를 진정시키기 위해 노력했어.

😊 달래고 어르느라 '그 아빠는 우는 그의 아기를 안고 있었어.'

The father was holding his **crying baby**.

그 아빠는 우는 그의 아기를 안고 있었어.

☹️ 자기가 울린 것 같아서 '그는 우는 그 아기에 대해 걱정했니?'

Did he worry about the **crying baby**?

그는 우는 그 아기에 대해 걱정했니?

😐 배고파서 우는 거 아냐? '너는 우는 그 아기에게 밥을 먹였니?'

Did you feed the **crying baby**?

너는 우는 그 아기에게 밥을 먹였니?

calm [캄] 진정시키다   **hold** [홀드] 안다, 들다   **feed** [퓌드] 밥을 먹이다

우리말만 보고 영어로 **자동발사** 해 보세요.

 MP3를 들으며 자동발사가 되는지 확인해 보세요.

우는 아기   crying baby

아이가 태어나자
그들은 우는 그 아기에게 미소 지었어.
 They smiled at the crying baby.

밤새도록
그녀는 우는 그녀의 아기를 진정시키기 위해 노력했어.

달래고 어르느라
그 아빠는 우는 그의 아기를 안고 있었어.

자기가 울린 것 같아서
그는 우는 그 아기에 대해 걱정했니?

배고파서 우는 거 아냐?
너는 우는 그 아기에게 밥을 먹였니?

영어 문장을 **따라하며** 에코잉 해 보세요.

🎧 MP3를 들으며 메아리처럼 에코잉 해 보세요.

broken window 깨어진 창문

😟 만지지 마. '그 깨어진 창문은 위험해.'
The **broken window** is dangerous.   그 깨어진 창문은 위험해.

😟 아침부터 '그 깨어진 창문은 그녀를 화나게 하고 있어.'
The **broken window** is making her angry.
그 깨어진 창문은 그녀를 화나게 하고 있어.

😟 업체에 문의하니 '그 깨어진 창문은 교체하는 데 비싸.'
The **broken window** is expensive to replace.
그 깨어진 창문은 교체하는 데 비싸.

😊 내가 봤어. '그 깨어진 창문은 그의 잘못이 아니야.'
The **broken window** isn't his fault.   그 깨어진 창문은 그의 잘못이 아니야.

😐 조금밖에 안 깨졌는데도, '그 깨어진 창문은 바람을 막을 수 없어.'
The **broken window** can't block the wind.
그 깨어진 창문은 바람을 막을 수 없어.

---

expensive [익스펜씨브] 비싼   **replace** [뤼플레이쓰] 교체하다   **fault** [풜트] 잘못, 책임

자동발사 톡!

우리말만 보고 영어로 **자동발사** 해 보세요.

🎧 MP3를 들으며 자동발사가 되는지 확인해 보세요.

| 깨어진 창문 | **broken window** |

만지지 마.
그 깨어진 창문은 위험해.
 The broken window is dangerous.

아침부터
그 깨어진 창문은 그녀를 화나게 하고 있어.

업체에 문의하니
그 깨어진 창문은 교체하는 데 비싸.

내가 봤어.
그 깨어진 창문은 그의 잘못이 아니야.

조금밖에 안 깨졌는데도,
그 깨어진 창문은 바람을 막을 수 없어.

영어 문장을 **따라하며 에코잉** 해 보세요.

🎧 MP3를 들으며 메아리처럼 에코잉 해 보세요.

updated program   업데이트된 그 프로그램

😊 이거 대신에 '나는 업데이트된 그 프로그램을 추천했어.'
I recommended the **updated program**.
나는 업데이트된 그 프로그램을 추천했어.

😊 새로운 기능이 필요해서 '우리는 업데이트된 그 프로그램을 사야 했어.'
We had to buy the **updated program**.
우리는 업데이트된 그 프로그램을 사야 했어.

😊 박람회에서 '그들은 업데이트된 그 프로그램을 소개했어.'
They introduced the **updated program**.
그들은 업데이트된 그 프로그램을 소개했어.

😐 최근에 '너는 업데이트된 그 프로그램을 내려받았니?'
Did you download the **updated program**?
너는 업데이트된 그 프로그램을 내려받았니?

😐 출시됐을 당시에 '그는 네게 업데이트된 그 프로그램에 대해 말해줬니?'
Did he tell you about the **updated program**?
그는 네게 업데이트된 그 프로그램에 대해 말해줬니?

recommend [뤠커멘드] 추천하다   **introduce** [인트로듀쓰] 소개하다

우리말만 보고 영어로 **자동발사** 해 보세요.

🎧 MP3를 들으며 자동발사가 되는지 확인해 보세요.

| 업데이트된 그 프로그램 | **updated program** |

이거 대신에
나는 업데이트된 그 프로그램을 추천했어.
 I recommended the updated program.

새로운 기능이 필요해서
우리는 업데이트된 그 프로그램을 사야 했어.

박람회에서
그들은 업데이트된 그 프로그램을 소개했어.

최근에
너는 업데이트된 그 프로그램을 내려받았니?

출시됐을 당시에
그는 네게 업데이트된 그 프로그램에 대해 말해줬니?

일상에서 쓰는 진짜 영어, 쉬운 영어!

12월 30일

 재훈
지난주에 세정이네랑 같이 여행 갔는데

밤새도록
She tried to calm her crying baby.
그녀는 우는 그녀의 아기를 진정시키기 위해 노력했어.

다은
정말? 세정이 아기 순해서 잘 안 울 텐데

 재훈
그런데 내 얼굴만 보면 울더라고…ㅠㅠ

다은
ㅋㅋㅋ 네 얼굴이 잘못했네

애가 얼마나 무서웠겠어ㅋㅋ

보내기

DAY 16

저기 서 있는 그 남자는 내 친구야.
The man standing there is my friend.　　　　-하는 …는 …해

이렇게 말해요!

'그 남자'는 the man, '저기 서 있는 그 남자'는 the man 뒤에 standing there를 붙여서 말해요. '저기 서 있는 그 남자는 내 친구야'는 그 뒤에 is my friend를 붙이면 돼요.

- 저기 서 있는 그 남자는 내 친구야.　　The man standing there is my friend.

★ standing there처럼 두 단어 이상을 쓸 경우에는 man의 앞이 아닌 뒤에 붙여요.
The standing there man is my friend. (X)

영어 문장을 **따라하며** 에코잉 해 보세요.

🎧 MP3를 들으며 메아리처럼 에코잉 해 보세요.

the man sitting there 저기 앉아있는 그 남자

😊 화가인가 봐. '저기 앉아있는 그 남자는 그림 그리고 있어.'

The man sitting there is painting.
저기 앉아있는 그 남자는 그림 그리고 있어.

> 영어 문장이 실제로 쓰이는 상황을 같이 보면 더 기억하기 쉬워요!

😲 어머! '저기 앉아있는 그 남자는 너를 보고 있어.'

The man sitting there is looking at you.
저기 앉아있는 그 남자는 너를 보고 있어.

😐 널 찾더라. '저기 앉아있는 그 남자는 너와 이야기하길 원해.'

The man sitting there wants to talk to you.
저기 앉아있는 그 남자는 너와 이야기하길 원해.

😊 네가 잘못 봤어. '저기 앉아있는 그 남자는 내 남동생이 아니야.'

The man sitting there isn't my brother.
저기 앉아있는 그 남자는 내 남동생이 아니야.

😊 내가 아까 물어봤는데, '저기 앉아있는 그 남자는 표를 팔고 있지 않아.'

The man sitting there isn't selling tickets.
저기 앉아있는 그 남자는 표를 팔고 있지 않아.

look at [룩 엣] ~를 보다   **sell** [쎌] 팔다

우리말만 보고 영어로 **자동발사** 해 보세요.

🎧 MP3를 들으며 자동발사가 되는지 확인해 보세요.

| 저기 앉아있는 그 남자 | **the man sitting there** |

화가인가 봐.
저기 앉아있는 그 남자는 그림 그리고 있어.
 The man sitting there is painting.

어머!
저기 앉아있는 그 남자는 너를 보고 있어.

널 찾더라.
저기 앉아있는 그 남자는 너와 이야기하길 원해.

네가 잘못 봤어.
저기 앉아있는 그 남자는 내 남동생이 아니야.

내가 아까 물어봤는데,
저기 앉아있는 그 남자는 표를 팔고 있지 않아.

영어 문장을 **따라하며 에코잉** 해 보세요.

🎧 MP3를 들으며 메아리처럼 에코잉 해 보세요.

the girl wearing the red coat 빨간 코트를 입고 있는 그 소녀

😊 그 앞에 서 있길래 '나는 빨간 코트를 입고 있는 그 소녀에게 물어봤어.'

I asked **the girl wearing the red coat**.

나는 빨간 코트를 입고 있는 그 소녀에게 물어봤어.

😊 마침내 '나는 빨간 코트를 입고 있는 그 소녀를 찾았어.'

I found **the girl wearing the red coat**.

나는 빨간 코트를 입고 있는 그 소녀를 찾았어.

😐 동생인 줄 알고 '그는 빨간 코트를 입고 있는 그 소녀를 따라갔어.'

He followed **the girl wearing the red coat**.

그는 빨간 코트를 입고 있는 그 소녀를 따라갔어.

😊 아까 '나는 빨간 코트를 입고 있는 그 소녀와 춤추지 않았어.'

I didn't dance with **the girl wearing the red coat**.

나는 빨간 코트를 입고 있는 그 소녀와 춤추지 않았어.

😊 내가 알기론 '그는 빨간 코트를 입고 있는 그 소녀와 함께 학교를 다니지 않았어.'

He didn't go to school with **the girl wearing the red coat**.

그는 빨간 코트를 입고 있는 그 소녀와 함께 학교를 다니지 않았어.

found [파운드] find의 과거   follow [팔로우] 따라가다

자동발사 톡!

우리말만 보고 영어로 **자동발사** 해 보세요.

🎧 MP3를 들으며 자동발사가 되는지 확인해 보세요.

> 빨간 코트를 입고 있는 그 소녀 **the girl wearing the red coat**

그 앞에 서 있길래
나는 빨간 코트를 입고 있는 그 소녀에게 물어봤어.
 I asked the girl wearing the red coat.

마침내
나는 빨간 코트를 입고 있는 그 소녀를 찾았어.

동생인 줄 알고
그는 빨간 코트를 입고 있는 그 소녀를 따라갔어.

아까
나는 빨간 코트를 입고 있는 그 소녀와 춤추지 않았어.

내가 알기론
그는 빨간 코트를 입고 있는 그 소녀와 함께 학교를 다니지 않았어.

영어 문장을 따라하며 에코잉 해 보세요.

 MP3를 들으며 메아리처럼 에코잉 해 보세요.

people living in the city   도시에 살고 있는 사람들

🙂 솔직히 '너는 도시에 살고 있는 사람들을 부러워하니?'

Do you envy **people living in the city**?

너는 도시에 살고 있는 사람들을 부러워하니?

☹️ 시골에 내려 와보니 '너는 도시에 살고 있는 사람들에게 안타까움을 느끼니?'

Do you feel sorry for the **people living in the city**?

너는 도시에 살고 있는 사람들에게 안타까움을 느끼니?

😐 신문에 크게 났던데, '너는 도시에 살고 있는 사람들에 대해 읽었니?'

Did you read about the **people living in the city**?

너는 도시에 살고 있는 사람들에 대해 읽었니?

☹️ 아파트에 살아서 '도시에 살고 있는 사람들에게 강아지를 키우는 것은 어렵니?'

Is it hard for **people living in the city** to have a dog?

도시에 살고 있는 사람들에게 강아지를 키우는 것은 어렵니?

🙂 상대적으로 '도시에 살고 있는 사람들에게 직업을 얻는 것은 쉬웠니?'

Was it easy for **people living in the city** to get a job?

도시에 살고 있는 사람들에게 직업을 얻는 것은 쉬웠니?

envy [엔뷔] 부러워하다   **feel sorry** [필 쏘뤼] 안타까움을 느끼다   **have a dog** [해브 어 독] 강아지를 키우다

우리말만 보고 영어로 **자동발사** 해 보세요.

🎧 MP3를 들으며 자동발사가 되는지 확인해 보세요.

도시에 살고 있는 사람들   people living in the city

솔직히,
너는 도시에 살고 있는 사람들을 부러워하니?

 Do you envy people living in the city?

시골에 내려 와보니,
너는 도시에 살고 있는 사람들에게 안타까움을 느끼니?

신문에 크게 났던데,
너는 도시에 살고 있는 사람들에 대해 읽었니?

아파트에 살아서,
도시에 살고 있는 사람들에게 강아지를 키우는 것은 어렵니?

상대적으로,
도시에 살고 있는 사람들에게 직업을 얻는 것은 쉬웠니?

일상에서 쓰는 진짜 영어, 쉬운 영어!

4월 25일

형준
지혜 완전 내 스타일이야
예쁘고, 예쁜데다, 예쁘기까지!!

상훈
맞아, 그리고 심지어 착하잖아

진짜 부럽다
The man going out with her is lucky

형준
going out?
지금 남자랑 밖으로 나가고 있어? 어딘데?

상훈
going out은 영어로 '사귀다'라는 뜻이야

The man going out with her is lucky.
그녀와 사귀는 그 남자는 운이 좋아.

   보내기

DAY 17

오늘 공연된 그 노래는 놀라웠어.
The song performed today was amazing.

–된 … 는/를 …해

오늘 콘서트는 평생 잊지 못할 거야!
어떻게 그렇게 노래를 잘 할 수 있지?

오늘 공연된 그 노래는 놀라웠어.
The song performed today was amazing.

이렇게 말해요!

'그 노래'는 the song, '오늘 공연된 그 노래'는 song 뒤에 performed today를 붙여서 말해요. '오늘 공연된 그 노래는 놀라웠어'는 그 뒤에 was amazing을 붙이면 돼요.

· 오늘 공연된 그 노래는 놀라웠어.   **The song performed today was amazing.**

영어 문장을 **따라하며** 에코잉 해 보세요.

🎧 MP3를 들으며 메아리처럼 에코잉 해 보세요.

the man invited to the event 행사에 초대된 그 남자

😊 나와 함께 '행사에 초대된 그 남자는 나의 상사였어.'

The man invited to the event was my boss.
행사에 초대된 그 남자는 나의 상사였어.

😊 회사 대표로 '행사에 초대된 그 남자는 많은 사람들을 만났어.'

The man invited to the event met many people.
행사에 초대된 그 남자는 많은 사람들을 만났어.

😊 그 날 '행사에 초대된 그 남자는 집에 늦게 갔어.'

The man invited to the event went home late.
행사에 초대된 그 남자는 집에 늦게 갔어.

😊 차를 가져왔다고 '행사에 초대된 그 남자는 술 마시지 않았어.'

The man invited to the event didn't drink.
행사에 초대된 그 남자는 술 마시지 않았어.

😊 캐주얼한 분위기라 '행사에 초대된 그 남자는 정장을 입지 않았어.'

The man invited to the event didn't wear a suit.
행사에 초대된 그 남자는 정장을 입지 않았어.

boss [보쓰] 상사   **late** [레이트] 늦게   **suit** [쑤트] 정장

우리말만 보고 영어로 **자동발사** 해 보세요.

🎧 MP3를 들으며 자동발사가 되는지 확인해 보세요.

행사에 초대된 그 남자   the man invited to the event

나와 함께
행사에 초대된 그 남자는 나의 상사였어.
 The man invited to the event was my boss.

회사 대표로
행사에 초대된 그 남자는 많은 사람들을 만났어.

그 날
행사에 초대된 그 남자는 집에 늦게 갔어.

차를 가져왔다고
행사에 초대된 그 남자는 술 마시지 않았어.

캐주얼한 분위기라
행사에 초대된 그 남자는 정장을 입지 않았어.

영어 문장을 **따라하며 에코잉** 해 보세요.

MP3를 들으며 메아리처럼 에코잉 해 보세요.

books written in English 영어로 쓰여진 책들

😊 학원에서 '우리는 영어로 쓰여진 책들을 사용해.'
We use **books written in English**. 우리는 영어로 쓰여진 책들을 사용해.

😊 가끔 '나는 영어로 쓰여진 책들을 읽는 것을 즐겨.'
I enjoy reading **books written in English**.
나는 영어로 쓰여진 책들을 읽는 것을 즐겨.

😊 번역본이 없어서 '그들은 영어로 쓰여진 책들을 사야 해.'
They should buy **books written in English**.
그들은 영어로 쓰여진 책들을 사야 해.

☹ 사전을 찾아봐도 '나는 영어로 쓰여진 책들을 이해할 수 없어.'
I can't understand **books written in English**.
나는 영어로 쓰여진 책들을 이해할 수 없어.

☹ 해석하기 어려워서 '그는 영어로 쓰여진 책들을 좋아하지 않아.'
He doesn't like **books written in English**.
그는 영어로 쓰여진 책들을 좋아하지 않아.

written [뤼튼] write의 과거분사   understand [언더스텐드] 이해하다

우리말만 보고 영어로 **자동발사** 해 보세요.

🎧 MP3를 들으며 자동발사가 되는지 확인해 보세요.

| 영어로 쓰여진 책들 | **books written in English** |

학원에서
우리는 영어로 쓰여진 책들을 사용해
 We use books written in English.

가끔
나는 영어로 쓰여진 책들을 읽는 것을 즐겨.

번역본이 없어서
그들은 영어로 쓰여진 책들을 사야 해.

사전을 찾아봐도
나는 영어로 쓰여진 책들을 이해할 수 없어.

해석하기 어려워서
그는 영어로 쓰여진 책들을 좋아하지 않아.

영어 문장을 **따라하며 에코잉** 해 보세요.

 MP3를 들으며 메아리처럼 에코잉 해 보세요.

the method used before 전에 사용됐던 그 방법

😐 바꾸지 말자고? '너는 전에 사용됐던 그 방법을 좋아하니?'

Do you like the method used before?

너는 전에 사용됐던 그 방법을 좋아하니?

🙂 이 방법 대신에 '그들은 전에 사용됐던 그 방법을 추천하니?'

Do they recommend the method used before?

그들은 전에 사용됐던 그 방법을 추천하니?

☹️ 다 실패했대? '그는 전에 사용됐던 그 방법을 시도해봤니?'

Did he try the method used before?

그는 전에 사용됐던 그 방법을 시도해봤니?

🙂 난 전혀 몰랐는데, '전에 사용됐던 그 방법은 그의 아이디어야?'

Is the method used before his idea?

전에 사용됐던 그 방법은 그의 아이디어야?

🙂 너는 어땠어? '전에 사용됐던 그 방법은 유용했니?'

Was the method used before helpful?

전에 사용됐던 그 방법은 유용했니?

method [매써드] 방법   helpful [헬풀] 유용한

우리말만 보고 영어로 **자동발사** 해 보세요.

MP3를 들으며 자동발사가 되는지 확인해 보세요.

전에 사용됐던 그 방법   **the method used before**

바꾸지 말자고?
너는 전에 사용됐던 그 방법을 좋아하니?

 Do you like the method used before?

이 방법 대신에
그들은 전에 사용됐던 그 방법을 추천하니?

다 실패했대?
그는 전에 사용됐던 그 방법을 시도해봤니?

난 전혀 몰랐는데,
전에 사용됐던 그 방법은 그의 아이디어야?

너는 어땠어?
전에 사용됐던 그 방법은 유용했니?

일상에서 쓰는 진짜 영어, 쉬운 영어!

6월 2일

 슬기
어제 너랑 같이 행사에 왔던 남자가 내 번호 가져갔어ㅎㅎ

상훈
뭐??? 진짜???

 슬기
응~ 엄청 수줍은 사람이던데??

상훈
헐...

나와 함께
The man invited to the event was my boss.
행사에 초대된 그 남자는 나의 상사였어.

 슬기
정말이야?

너가 맨날 욕하던 그 사람???

보내기

DAY 18

긴 머리를 가진 그 소녀는 내 딸이야.
The girl who has long hair is my daughter. －하는 … 는 …해

나랑 내 딸이랑 좀 닮은 것 같나?
아아~ 여기서 내 딸이 누군지 모르겠구나
긴 머리를 가진 그 소녀는 내 딸이야.
The girl who has long hair is my daughter.

그렇네요 사장님 하하…

이렇게 말해요!

'그 소녀'는 the girl, '긴 머리를 가진 그 소녀'는 girl 뒤에 who has long hair를 붙여서 말해요. '긴 머리를 가진 그 소녀는 내 딸이야'는 그 뒤에 is my daughter를 붙이면 돼요.

· 긴 머리를 가진 그 소녀는 내 딸이야. **The girl who has long hair is my daughter.**

영어 문장을 따라하며 에코잉 해 보세요.

🎧 MP3를 들으며 메아리처럼 에코잉 해 보세요.

students who take the exam 그 시험을 보는 학생들

😟 1년에 한 번 밖에 없어서 '그 시험을 보는 학생들은 초조해.'

영어 문장이 실제로 쓰이는 상황을 같이 보면 더 기억하기 쉬워요!

Students who take the exam are nervous.
　　　　　　　　　　　　그 시험을 보는 학생들은 초조해.

☹️ 경쟁률이 높아서 '그 시험을 보는 학생들은 열심히 공부해.'

Students who take the exam study hard.
　　　　　　　　　　　　그 시험을 보는 학생들은 열심히 공부해.

🙂 주관식 문제가 있어서 '그 시험을 보는 학생들은 펜을 가져와야 해.'

Students who take the exam should bring a pen.
　　　　　　　　　　　　그 시험을 보는 학생들은 펜을 가져와야 해.

🙂 졸업하고 '그 시험을 보는 학생들은 의사가 되길 원해.'

Students who take the exam want to be doctors.
　　　　　　　　　　　　그 시험을 보는 학생들은 의사가 되길 원해.

😐 늦으면 입실 불가라 '그 시험을 보는 학생들은 제시간에 도착해야 해.'

Students who take the exam have to arrive on time.
　　　　　　　　　　　　그 시험을 보는 학생들은 제시간에 도착해야 해.

take the exam [테이크 디 이그잼] 시험을 보다　**nervous** [널붜쓰] 초조한　**on time** [온 타임] 제시간에

자동발사 톡!

우리말만 보고 영어로 **자동발사** 해 보세요.

🎧 MP3를 들으며 자동발사가 되는지 확인해 보세요.

그 시험을 보는 학생들 → **students who take the exam**

1년에 한 번 밖에 없어서
그 시험을 보는 학생들은 초조해.
 Students who take the exam are nervous.

경쟁률이 높아서
그 시험을 보는 학생들은 열심히 공부해.

주관식 문제가 있어서
그 시험을 보는 학생들은 펜을 가져와야 해.

졸업하고
그 시험을 보는 학생들은 의사가 되길 원해.

늦으면 입실 불가라
그 시험을 보는 학생들은 제시간에 도착해야 해.

영어 문장을 **따라하며** 에코잉 해 보세요.

 MP3를 들으며 메아리처럼 에코잉 해 보세요.

the man who visited — 방문했던 그 남자

☺ 아까 '방문했던 그 남자는 바쁘지 않았어.'
The man who visited wasn't busy.   방문했던 그 남자는 바쁘지 않았어.

☹ 예상과 달리 '방문했던 그 남자는 그녀의 아빠가 아니었어.'
The man who visited wasn't her father.
방문했던 그 남자는 그녀의 아빠가 아니었어.

😐 누군지는 몰라. '방문했던 그 남자는 그의 이름을 남기지 않았어.'
The man who visited didn't leave his name.
방문했던 그 남자는 그의 이름을 남기지 않았어.

☹ 말만 그렇게 하고 '방문했던 그 남자는 다시 돌아오지 않았어.'
The man who visited didn't come back again.
방문했던 그 남자는 다시 돌아오지 않았어.

😐 내가 물어봤는데, '방문했던 그 남자는 네 번호를 가지고 있지 않았어.'
The man who visited didn't have your number.
방문했던 그 남자는 네 번호를 가지고 있지 않았어.

leave [리브] 남기다   come back [컴 백] 돌아오다

자동발사 톡!

우리말만 보고 영어로 **자동발사** 해 보세요.

🎧 MP3를 들으며 자동발사가 되는지 확인해 보세요.

방문했던 그 남자   **the man who visited**

아까
방문했던 그 남자는 바쁘지 않았어.

 The man who visited wasn't busy.

예상과 달리
방문했던 그 남자는 그녀의 아빠가 아니었어.

누군지는 몰라.
방문했던 그 남자는 그의 이름을 남기지 않았어.

말만 그렇게 하고
방문했던 그 남자는 다시 돌아오지 않았어.

내가 물어봤는데,
방문했던 그 남자는 네 번호를 가지고 있지 않았어.

영어 문장을 **따라하며** 에코잉 해 보세요.

🎧 MP3를 들으며 메아리처럼 에코잉 해 보세요.

the guy who drives a sports car 스포츠카를 운전하는 그 남자

☺ 회사 동료 중에 '스포츠카를 운전하는 그 남자는 인기가 많아.'

The guy who drives a sports car is popular.

스포츠카를 운전하는 그 남자는 인기가 많아.

😐 드라이브할 때 '스포츠카를 운전하는 그 남자는 빨리 가는 것을 즐겨.'

The guy who drives a sports car enjoys going fast.

스포츠카를 운전하는 그 남자는 빨리 가는 것을 즐겨.

☹ 출근하는 길에 '스포츠카를 운전했던 그 남자는 사고가 났어.'

The guy who drove a sports car had an accident.

스포츠카를 운전했던 그 남자는 사고가 났어.

☹ 실망했겠지만, '스포츠카를 운전했던 그 남자는 그 행사에 오지 않았어.'

The guy who drove a sports car didn't come to the event.

스포츠카를 운전했던 그 남자는 그 행사에 오지 않았어.

☺ 운이 좋았는지, '스포츠카를 운전했던 그 남자는 과속 딱지를 받지 않았어.'

The guy who drove a sports car didn't get a speeding ticket.

스포츠카를 운전했던 그 남자는 과속 딱지를 받지 않았어.

accident [액씨던트] 사고 **speeding ticket** [스피딩 티켓] 과속 딱지

우리말만 보고 영어로 **자동발사** 해 보세요.

🎧 MP3를 들으며 자동발사가 되는지 확인해 보세요.

스포츠카를 운전하는 그 남자 **the guy who drives a sports car**

회사 동료 중에
스포츠카를 운전하는 그 남자는 인기가 많아.

 The guy who drives a sports car is popular.

드라이브할 때
스포츠카를 운전하는 그 남자는 빨리 가는 것을 즐겨.

출근하는 길에
스포츠카를 운전했던 그 남자는 사고가 났어.

실망했겠지만,
스포츠카를 운전했던 그 남자는 그 행사에 오지 않았어.

운이 좋았는지,
스포츠카를 운전했던 그 남자는 과속 딱지를 받지 않았어.

일상에서 쓰는 진짜 영어, 쉬운 영어!

11월 17일

재원
내일이 수능이라니..
너무 떨려서 잠도 안 온다

 수민
나도 ㅠㅠ 그래도 얼른 자야 돼

늦으면 입실 불가라
Students who take the exam have to arrive on time.
그 시험을 보는 학생들은 제시간에 도착해야 해.

재원
우리 둘 다 늦잠 자서
경찰차 타고 수능 보러 가는 거 아냐?? ㅎㅎ

 수민
으으 끔찍한 소리하지마
난 뉴스에 나오기 싫어

보내기

DAY 19

나는 고양이가 있는 한 남자를 만났어.
I met **a man who has a cat**.　　　　　　　　　-하는 …를 …해

이렇게 말해요!

'한 남자'는 a man, '고양이가 있는 한 남자'는 a man 뒤에 who has a cat을 붙여서 말해요.
'나는 고양이가 있는 한 남자를 만났어'는 맨 앞에 I met을 붙이면 돼요.

· 나는 **고양이가 있는** 한 남자를 만났어.　　I met **a man who has a cat**.

영어 문장을 **따라하며** 에코잉 해 보세요.

🎧 MP3를 들으며 메아리처럼 에코잉 해 보세요.

the girl who drew this picture 이 그림을 그린 그 소녀

😊 우리 딸 친구야. '나는 이 그림을 그린 그 소녀를 알아.'

> 영어 문장이 실제로 쓰이는 상황을 같이 보면 더 기억하기 쉬워요!

I know **the girl who drew this picture**.

나는 이 그림을 그린 그 소녀를 알아.

😐 몰랐구나? '그녀가 이 그림을 그린 그 소녀야.'

She is **the girl who drew this picture**.

그녀가 이 그림을 그린 그 소녀야.

😊 전시회에 가서 '나는 이 그림을 그린 그 소녀와 말하길 원해.'

I want to talk to **the girl who drew this picture**.

나는 이 그림을 그린 그 소녀와 말하길 원해.

😊 이번에 무슨 프로젝트하나 봐. '그들은 이 그림을 그린 그 소녀와 일해.'

They work with **the girl who drew this picture**.

그들은 이 그림을 그린 그 소녀와 일해.

😊 원한다면 '그녀는 이 그림을 그린 그 소녀를 소개해줄 수 있어.'

She can introduce **the girl who drew this picture**.

그녀는 이 그림을 그린 그 소녀를 소개해줄 수 있어.

drew [드루] draw의 과거　**introduce** [인트로듀쓰] 소개하다

우리말만 보고 영어로 **자동발사** 해 보세요.

🎧 MP3를 들으며 자동발사가 되는지 확인해 보세요.

이 그림을 그린 그 소녀 **the girl who drew this picture**

우리 딸 친구야.
나는 이 그림을 그린 그 소녀를 알아.
 I know the girl who drew this picture.

몰랐구나?
그녀가 이 그림을 그린 그 소녀야.

전시회에 가서
나는 이 그림을 그린 그 소녀와 말하길 원해.

이번에 무슨 프로젝트하나 봐.
그들은 이 그림을 그린 그 소녀와 일해.

원한다면
그녀는 이 그림을 그린 그 소녀를 소개해줄 수 있어.

영어 문장을 **따라하며 에코잉** 해 보세요.

🎧 MP3를 들으며 메아리처럼 에코잉 해 보세요.

the member who paid the fee 비용을 지불한 그 회원

😐 그 당시 '그는 비용을 지불한 그 회원이 아니었어.'
He wasn't **the member who paid the fee**.
그는 비용을 지불한 그 회원이 아니었어.

😟 명찰을 안 달아서 '그녀는 비용을 지불한 그 회원을 알아보지 못했어.'
She didn't notice **the member who paid the fee**.
그녀는 비용을 지불한 그 회원을 알아보지 못했어.

😞 무슨 이유에선지 '그들은 비용을 지불한 그 회원을 초대하지 않았어.'
They didn't invite **the member who paid the fee**.
그들은 비용을 지불한 그 회원을 초대하지 않았어.

😐 무슨 착오가 있었나 봐. '그들은 비용을 지불한 그 회원에게 선물을 보내지 않았어.'
They didn't send a gift to **the member who paid the fee**.
그들은 비용을 지불한 그 회원에게 선물을 보내지 않았어.

😞 말한 것과 다르게 '그들은 비용을 지불한 그 회원에게 중식을 제공하지 않았어.'
They didn't provide lunch to **the member who paid the fee**.
그들은 비용을 지불한 그 회원에게 중식을 제공하지 않았어.

paid [페이드] pay의 과거   **provide** [프로바이드] 제공하다   **notice** [노티쓰] 알아보다

우리말만 보고 영어로 **자동발사** 해 보세요.

🎧 MP3를 들으며 자동발사가 되는지 확인해 보세요.

비용을 지불한 그 회원 **the member who paid the fee**

그 당시
그는 비용을 지불한 그 회원이 아니었어.
 He wasn't the member who paid the fee.

명찰을 안 달아서
그녀는 비용을 지불한 그 회원을 알아보지 못했어.

무슨 이유에선지
그들은 비용을 지불한 그 회원을 초대하지 않았어.

무슨 착오가 있었나 봐.
그들은 비용을 지불한 그 회원에게 선물을 보내지 않았어.

말한 것과 다르게
그들은 비용을 지불한 그 회원에게 중식을 제공하지 않았어.

영어 문장을 **따라하며** 에코잉 해 보세요.

 MP3를 들으며 메아리처럼 에코잉 해 보세요.

the person who won the prize 상을 탄 그 사람

😐 이 사진에 나온 '그녀가 상을 탄 그 사람이니?'

Is she the person who won the prize? 그녀가 상을 탄 그 사람이니?

🙂 아까 보니 인사하던데, '너는 상을 탄 그 사람을 아니?'

Do you know the person who won the prize? 너는 상을 탄 그 사람을 아니?

🙂 기회가 된다면 '너는 상을 탄 그 사람을 만나길 원하니?'

Do you want to meet the person who won the prize? 너는 상을 탄 그 사람을 만나길 원하니?

🙂 어렸을 때 '너는 상을 탄 그 사람과 함께 학교를 다녔니?'

Did you go to school with the person who won the prize? 너는 상을 탄 그 사람과 함께 학교를 다녔니?

😐 시끄러워서 못 들었는데, '너는 상을 탄 그 사람에게 뭐라고 말했니?'

What did you say to the person who won the prize? 너는 상을 탄 그 사람에게 뭐라고 말했니?

won [원] win의 과거 **prize** [프라이즈] 상, 상품

우리말만 보고 영어로 **자동발사** 해 보세요.

MP3를 들으며 자동발사가 되는지 확인해 보세요.

상을 탄 그 사람 — **the person who won the prize**

이 사진에 나온
그녀가 상을 탄 그 사람이니?

 Is she the person who won the prize?

아까 보니 인사하던데,
너는 상을 탄 그 사람을 아니?

기회가 된다면
너는 상을 탄 그 사람을 만나길 원하니?

어렸을 때
너는 상을 탄 그 사람과 함께 학교를 다녔니?

시끄러워서 못 들었는데,
너는 상을 탄 그 사람에게 뭐라고 말했니?

일상에서 쓰는 진짜 영어, 쉬운 영어!

9월 17일

엄마
뭐 하느라 아직도 안 들어오니?

다정
금방 들어가요

집 앞에서
I talked with a friend who was blue

엄마
blue? 친구가 파래???

어디 아픈 거니??

다정
아니요

I talked with a friend who was blue.
기분이 울적했던 친구랑 이야기 했어요.

영어로 'blue'는 '기분이 울적한'이라는 뜻이에요~

 보내기

DAY 20

내가 원하는 그 차는 비싸.
The car that I want is expensive. —하는 …는 …해

이렇게 말해요!

'그 차'는 the car, '내가 원하는 그 차'는 the car 뒤에 that I want를 붙여서 말해요.
'내가 원하는 그 차는 비싸'는 그 뒤에 is expensive를 붙이면 돼요.

- **내가 원하는** 그 차는 비싸.   **The car that I want** is expensive.

영어 문장을 **따라하며 에코잉** 해 보세요.

🎧 MP3를 들으며 메아리처럼 에코잉 해 보세요.

the movie that she likes 그녀가 좋아하는 그 영화

😊 아직 못 봤는데, '그녀가 좋아하는 그 영화는 판타지야.' 〔영어 문장이 실제로 쓰이는 상황을 같이 보면 더 기억하기 쉬워요!〕

The movie that she likes is a fantasy.

그녀가 좋아하는 그 영화는 판타지야.

😞 절대 보지마! '그녀가 좋아하는 그 영화는 무서워.'

The movie that she likes is scary.   그녀가 좋아하는 그 영화는 무서워.

😐 늘 똑같아. '그녀가 좋아하는 그 영화는 이루어질 수 없는 사랑에 대한 것이야.'

The movie that she likes is about hopeless love.

그녀가 좋아하는 그 영화는 이루어질 수 없는 사랑에 대한 것이야.

😊 내 친구도 추천하더라. '그녀가 좋아하는 그 영화는 흥미로워 보여.'

The movie that she likes looks exciting.

그녀가 좋아하는 그 영화는 흥미로워 보여.

😊 엄청 인기가 많아. '그녀가 좋아하는 그 영화는 많은 팬들을 갖고 있어.'

The movie that she likes has many fans.

그녀가 좋아하는 그 영화는 많은 팬들을 갖고 있어.

---

fantasy [팬터지] 판타지   **hopeless** [호플리쓰] 이루어질 수 없는, 가망 없는   **exciting** [익싸이팅] 흥미로운

우리말만 보고 영어로 **자동발사** 해 보세요.

🎧 MP3를 들으며 자동발사가 되는지 확인해 보세요.

그녀가 좋아하는 그 영화 — the movie that she likes

아직 못 봤는데,
그녀가 좋아하는 그 영화는 판타지야.
 The movie that she likes is a fantasy.

절대 보지마!
그녀가 좋아하는 그 영화는 무서워.

늘 똑같아.
그녀가 좋아하는 그 영화는 이루어질 수 없는 사랑에 대한 것이야.

내 친구도 추천하더라.
그녀가 좋아하는 그 영화는 흥미로워 보여.

엄청 인기가 많아.
그녀가 좋아하는 그 영화는 많은 팬들을 갖고 있어.

영어 문장을 **따라하며 에코잉** 해 보세요.

🎧 MP3를 들으며 메아리처럼 에코잉 해 보세요.

the class that I took — 내가 들은 그 수업

😐 학원에서 '내가 들은 그 수업은 영어가 아니었어.'

The class that I took wasn't English.
내가 들은 그 수업은 영어가 아니었어.

☹ 맨날 졸았어. '내가 들은 그 수업은 흥미롭지 않았어.'

The class that I took wasn't interesting.
내가 들은 그 수업은 흥미롭지 않았어.

🙂 운 좋게도 '내가 들은 그 수업은 시험이 없었어.'

The class that I took didn't have exams.
내가 들은 그 수업은 시험이 없었어.

☹ 막상 직장에 들어오니까 '내가 들은 그 수업은 내 업무에 유용하지 않았어.'

The class that I took wasn't helpful for my work.
내가 들은 그 수업은 내 업무에 유용하지 않았어.

☹ 과제가 너무 많아서 '내가 들은 그 수업은 학생들 사이에서 인기 있지 않았어.'

The class that I took wasn't popular among students.
내가 들은 그 수업은 학생들 사이에서 인기 있지 않았어.

exam [이그잼] 시험   **among** [어몽] ~사이에서

자동발사 톡!

우리말만 보고 영어로 **자동발사** 해 보세요.

🎧 MP3를 들으며 자동발사가 되는지 확인해 보세요.

내가 들은 그 수업 → the class that I took

학원에서
내가 들은 그 수업은 영어가 아니었어.
 The class that I took wasn't English.

맨날 졸았어.
내가 들은 그 수업은 흥미롭지 않았어.

운 좋게도
내가 들은 그 수업은 시험이 없었어.

막상 직장에 들어오니까
내가 들은 그 수업은 내 업무에 유용하지 않았어.

과제가 너무 많아서
내가 들은 그 수업은 학생들 사이에서 인기 있지 않았어.

영어 문장을 **따라하며 에코잉** 해 보세요.

🎧 MP3를 들으며 메아리처럼 에코잉 해 보세요.

the restaurant that we like 우리가 좋아하는 그 식당

😊 가면 항상 기다려야 해. '우리가 좋아하는 그 식당은 인기가 있어.'

The restaurant that we like is popular.

우리가 좋아하는 그 식당은 인기가 있어.

☹️ 다른 데 가야 할 것 같아. '우리가 좋아하는 그 식당은 꽉 찼어.'

The restaurant that we like is full. 우리가 좋아하는 그 식당은 꽉 찼어.

🙂 이번에 가서 먹어보자. '우리가 좋아하는 그 식당은 새로운 메뉴가 있어.'

The restaurant that we like has a new menu.

우리가 좋아하는 그 식당은 새로운 메뉴가 있어.

☹️ 안타깝게도 '우리가 좋아하는 그 식당은 지난주에 문을 열지 않았어.'

The restaurant that we like didn't open last week.

우리가 좋아하는 그 식당은 지난주에 문을 열지 않았어.

🙁 기억 안 나? '우리가 좋아하는 그 식당은 5년 전에 존재하지 않았어.'

The restaurant that we like didn't exist five years ago.

우리가 좋아하는 그 식당은 5년 전에 존재하지 않았어.

full [풀] 꽉 차다   exist [이그지스트] 존재하다

우리말만 보고 영어로 **자동발사** 해 보세요.

🎧 MP3를 들으며 자동발사가 되는지 확인해 보세요.

우리가 좋아하는 그 식당   the restaurant that we like

가면 항상 기다려야 돼.
우리가 좋아하는 그 식당은 인기가 있어.
 The restaurant that we like is popular.

다른 데 가야 할 것 같아.
우리가 좋아하는 그 식당은 꽉 찼어.

이번에 가서 먹어보자.
우리가 좋아하는 그 식당은 새로운 메뉴가 있어.

안타깝게도
우리가 좋아하는 그 식당은 지난주에 문을 열지 않았어.

기억 안 나?
우리가 좋아하는 그 식당은 5년 전에 존재하지 않았어.

일상에서 쓰는 진짜 영어, 쉬운 영어!

10월 28일

 재원
아... 수업 가지 말까

은지
응 가지마ㅋㅋ

막상 직장에 들어오니까
The class that I took wasn't helpful for my work.
내가 들은 그 수업은 내 업무에 유용하지 않았어.

 재원
오 그래?
그럼 오늘은 놀아야지ㅎㅎ

은지
하지만 학점은 평생 간다는 거 기억해ㅜㅜ

 재원

    보내기

DAY 21

나는 네가 산 그 노트북을 부서뜨렸어.
I broke the laptop that you bought.   –한 …를 …해

이렇게 말해요!

'그 노트북'은 the laptop, '네가 산 그 노트북'은 the laptop 뒤에 that you bought을 붙여서 말해요.
'나는 네가 산 그 노트북을 부서뜨렸어'는 맨 앞에 I broke를 붙이면 돼요.

- 나는 **네가 산** 그 노트북을 부서뜨렸어. I broke **the laptop that you bought**.

영어 문장을 **따라하며 에코잉** 해 보세요.

🎧 MP3를 들으며 메아리처럼 에코잉 해 보세요.

the song that you sang — 네가 불렀던 그 노래

😊 나 그 가수 팬이야. '나는 네가 불렀던 그 노래를 좋아해.'
영어 문장이 실제로 쓰이는 상황을 같이 보면 더 기억하기 쉬워요!

I like **the song that you sang**. — 나는 네가 불렀던 그 노래를 좋아해.

☹️ 자기 취향 아니라고 '그는 네가 불렀던 그 노래를 싫어해.'

He hates **the song that you sang**. — 그는 네가 불렀던 그 노래를 싫어해.

😊 너무 좋아서 '나는 네가 불렀던 그 노래를 듣고 있어.'

I'm listening to **the song that you sang**. — 나는 네가 불렀던 그 노래를 듣고 있어.

😊 몇 년이 지났는데도 '그녀는 네가 불렀던 그 노래를 기억해.'

She remembers **the song that you sang**. — 그녀는 네가 불렀던 그 노래를 기억해.

☹️ 못 들어서 아쉽대. '그들은 네가 불렀던 그 노래를 듣길 원해.'

They want to listen to **the song that you sang**. — 그들은 네가 불렀던 그 노래를 듣길 원해.

sang [쌩] sing의 과거   **hate** [헤이트] 싫어하다

우리말만 보고 영어로 **자동발사** 해 보세요.

🎧 MP3를 들으며 자동발사가 되는지 확인해 보세요.

네가 불렀던 그 노래 — the song that you sang

나 그 가수 팬이야.
나는 네가 불렀던 그 노래를 좋아해.
 I like the song that you sang.

자기 취향 아니라고
그는 네가 불렀던 그 노래를 싫어해.

너무 좋아서
나는 네가 불렀던 그 노래를 듣고 있어.

몇 년이 지났는데도
그녀는 네가 불렀던 그 노래를 기억해.

못 들어서 아쉽대.
그들은 네가 불렀던 그 노래를 듣길 원해.

영어 문장을 **따라하며 에코잉** 해 보세요.

MP3를 들으며 메아리처럼 에코잉 해 보세요.

the gift that you gave me   네가 내게 줬던 그 선물

😞 솔직히 말하면 '나는 네가 내게 줬던 그 선물을 좋아하지 않았어.'

I didn't like **the gift that you gave me**.

나는 네가 내게 줬던 그 선물을 좋아하지 않았어.

😊 너무 아까워서 '나는 네가 내게 줬던 그 선물을 사용하지 않았어.'

I didn't use **the gift that you gave me**.

나는 네가 내게 줬던 그 선물을 사용하지 않았어.

😐 자기가 줘 놓고 '너는 네가 내게 줬던 그 선물을 기억하지 못했어.'

You didn't remember **the gift that you gave me**.

너는 네가 내게 줬던 그 선물을 기억하지 못했어.

😊 물어볼 줄 알았는데, '그는 네가 내게 줬던 그 선물에 대해 물어보지 않았어.'

He didn't ask about **the gift that you gave me**.

그는 네가 내게 줬던 그 선물에 대해 물어보지 않았어.

😞 깜박하고 '나는 네가 내게 줬던 그 선물에 대해 고맙다고 말하지 않았어.'

I didn't say thank you for **the gift that you gave me**.

나는 네가 내게 줬던 그 선물에 대해 고맙다고 말하지 않았어.

gave [게이브] give의 과거   **remember** [뤼멤버] 기억하다

자동발사 톡!

우리말만 보고 영어로 **자동발사** 해 보세요.

🎧 MP3를 들으며 자동발사가 되는지 확인해 보세요.

네가 내게 줬던 그 선물 the gift that you gave me

솔직히 말하면
나는 네가 내게 줬던 그 선물을 좋아하지 않았어.

 I didn't like the gift that you gave me.

너무 아까워서
나는 네가 내게 줬던 그 선물을 사용하지 않았어.

자기가 줘 놓고
너는 네가 내게 줬던 그 선물을 기억하지 못했어.

물어볼 줄 알았는데,
그는 네가 내게 줬던 그 선물에 대해 물어보지 않았어.

깜박하고
나는 네가 내게 줬던 그 선물에 대해 고맙다고 말하지 않았어.

영어 문장을 **따라하며 에코잉** 해 보세요.

 MP3를 들으며 메아리처럼 에코잉 해 보세요.

the dish that she made   그녀가 만든 그 요리

😊 우와~ '그것은 그녀가 만든 그 요리니?'

Is that **the dish that she made**?   그것은 그녀가 만든 그 요리니?

😊 진짜 맛있는데, '너는 그녀가 만든 그 요리를 먹어보고 싶니?'

Do you want to try **the dish that she made**?
     너는 그녀가 만든 그 요리를 먹어보고 싶니?

😊 나 완전 놀랐어~ '너는 그녀가 만든 그 요리를 봤니?'

Did you see **the dish that she made**? 너는 그녀가 만든 그 요리를 봤니?

😊 그를 위해 만든 건데 '그는 그녀가 만든 그 요리를 즐겼니?'

Did he enjoy **the dish that she made**?
     그는 그녀가 만든 그 요리를 즐겼니?

😊 배가 불렀는데도 '그들은 그녀가 만든 그 요리를 다 먹었니?'

Did they finish **the dish that she made**?
     그들은 그녀가 만든 그 요리를 다 먹었니?

dish [디쉬] 요리   enjoy [인조이] 즐기다

우리말만 보고 영어로 **자동발사** 해 보세요.

MP3를 들으며 자동발사가 되는지 확인해 보세요.

| 그녀가 만든 그 요리 | **the dish that she made** |

우와~
그것은 그녀가 만든 그 요리니?
 Is that the dish that she made?

진짜 맛있는데,
너는 그녀가 만든 그 요리를 먹어보고 싶니?

나 완전 놀랐어~
너는 그녀가 만든 그 요리를 봤니?

그를 위해 만든 건데
그는 그녀가 만든 그 요리를 즐겼니?

배가 불렀는데도
그들은 그녀가 만든 그 요리를 다 먹었니?

일상에서 쓰는 진짜 영어, 쉬운 영어!

7월 4일

 슬기
너 내 친구 서정이 기억하지?

몇 년이 지났는데도
She remembers the song that you sang.
그녀는 네가 불렀던 그 노래를 기억해.

성훈
정말?? 감동이야..

드디어 내 노래를 인정해주는 사람이 나타났구나

 슬기
태어나서 그런 이상한 노래는 처음 들어봐서

평생 못 잊을 거래ㅎㅎㅎ

보내기

DAY 22

> ## 내가 말한 것은 비밀이야.
> What I said is a secret.
>
> 누가 ~하는 것은 …해

이렇게 말해요!

'내가 말했다'는 I said, '내가 말한 것'은 그 앞에 what을 붙여서 말해요. '내가 말한 것은 비밀이야'는 뒤에 is a secret을 붙이면 돼요.

- **내가 말한 것은** 비밀이야.　　**What I said** is a secret.

영어 문장을 **따라하며 에코잉** 해 보세요.

🎧 MP3를 들으며 메아리처럼 에코잉 해 보세요.

what I eat   내가 먹는 것

😊 한 번 먹어볼래? '내가 먹는 것은 맛있어.'

> 영어 문장이 실제로 쓰이는 상황을 같이 보면 더 기억하기 쉬워요!

What I eat is delicious.   내가 먹는 것은 맛있어.

😊 요즘 식단 관리하고 있어서 '내가 먹는 것은 건강해.'

What I eat is healthy.   내가 먹는 것은 건강해.

😟 못 먹을 걸? '내가 먹는 것은 너에게 매워.'

What I eat is spicy for you.   내가 먹는 것은 너에게 매워.

😐 간단하게 먹고 싶을 때 '내가 아침식사로 먹는 것은 시리얼이야.'

What I eat for breakfast is cereal.   내가 아침식사로 먹는 것은 시리얼이야.

😊 조미료를 쓰지 않아서 '내가 집에서 먹는 것은 내 몸에 좋아.'

What I eat at home is good for my body.

내가 집에서 먹는 것은 내 몸에 좋아.

delicious [딜리셔쓰] 맛있는   **healthy** [헬씨] 건강한   **spicy** [스파이씨] 매운

자동발사 톡!

우리말만 보고 영어로 **자동발사** 해 보세요.

🎧 MP3를 들으며 자동발사가 되는지 확인해 보세요.

내가 먹는 것 — **what I eat**

한 번 먹어볼래?
내가 먹는 것은 맛있어.

 What I eat is delicious.

요즘 식단 관리하고 있어서
내가 먹는 것은 건강해.

못 먹을 걸?
내가 먹는 것은 너에게 매워.

간단하게 먹고 싶을 때
내가 아침식사로 먹는 것은 시리얼이야.

조미료를 쓰지 않아서
내가 집에서 먹는 것은 내 몸에 좋아.

영어 문장을 **따라하며 에코잉** 해 보세요.

🎧 MP3를 들으며 메아리처럼 에코잉 해 보세요.

what I bought 내가 산 것

😊 그 슈퍼에서 '내가 산 것은 신선하지 않았어.'

What I bought wasn't fresh.   내가 산 것은 신선하지 않았어.

😕 선물하려고 샀던 거야. '내가 산 것은 나를 위한 것이 아니었어.'

What I bought wasn't for me.   내가 산 것은 나를 위한 것이 아니었어.

😊 이번에 요긴하게 썼어. '내가 산 것은 돈 낭비가 아니었어.'

What I bought wasn't a waste of money.
  내가 산 것은 돈 낭비가 아니었어.

😊 할인을 많이 받아서 '내가 그녀를 위해 산 것은 비싸지 않았어.'

What I bought for her wasn't expensive.
  내가 그녀를 위해 산 것은 비싸지 않았어.

☹ 잘못 구매해버려서 '내가 그 프로젝트를 위해 산 것은 유용하지 않았어.'

What I bought for the project wasn't useful.
  내가 그 프로젝트를 위해 산 것은 유용하지 않았어.

fresh [프레쉬] 신선한   waste [웨이스트] 낭비   useful [유스풀] 유용한

자동발사 톡!

우리말만 보고 영어로 **자동발사** 해 보세요.

🎧 MP3를 들으며 자동발사가 되는지 확인해 보세요.

내가 산 것 — what I bought

그 슈퍼에서
내가 산 것은 신선하지 않았어.
 What I bought wasn't fresh.

선물하려고 샀던 거야.
내가 산 것은 나를 위한 것이 아니었어.

이번에 요긴하게 썼어.
내가 산 것은 돈 낭비가 아니었어.

할인을 많이 받아서
내가 그녀를 위해 산 것은 비싸지 않았어.

잘못 구매해버려서
내가 그 프로젝트를 위해 산 것은 유용하지 않았어.

따라하며 톡!

영어 문장을 **따라하며 에코잉** 해 보세요.

MP3를 들으며 메아리처럼 에코잉 해 보세요.

what you think — 네가 생각하는 것

😊 창의력을 더 키워야 해. '네가 생각하는 것은 특별하지 않아.'

What you think isn't special.   네가 생각하는 것은 특별하지 않아.

😐 이건 내 문제야. '네가 생각하는 것은 나에게 중요하지 않아.'

What you think isn't important to me.
   네가 생각하는 것은 나에게 중요하지 않아.

☹ 단정 짓지 마. '네가 나에 대해 생각하는 것은 사실이 아니야.'

What you think about me isn't true.
   네가 나에 대해 생각하는 것은 사실이 아니야.

😊 같은 문제라도 '네가 생각했던 것은 달랐어.'

What you thought was different.   네가 생각했던 것은 달랐어.

☹ 나도 몰랐는데 '네가 처음에 생각했던 것은 맞았어.'

What you thought at first was correct.
   네가 처음에 생각했던 것은 맞았어.

thought [쏘트] think의 과거   correct [코렉트] 맞는

자동발사 톡!

우리말만 보고 영어로 **자동발사** 해 보세요.

🎧 MP3를 들으며 자동발사가 되는지 확인해 보세요.

네가 생각하는 것 — what you think

창의력을 더 키워야 해.
네가 생각하는 것은 특별하지 않아.

 What you think isn't special.

이건 내 문제야.
네가 생각하는 것은 나에게 중요하지 않아.

단정 짓지 마.
네가 나에 대해 생각하는 것은 사실이 아니야.

같은 문제라도
네가 생각했던 것은 달랐어.

나도 몰랐는데
네가 처음에 생각했던 것은 맞았어.

일상에서 쓰는 진짜 영어, 쉬운 영어!

1월 15일

 엄마
어제 백화점 가서 산 코트 얼마였니?

아들
3만원ㅋㅋ What I bought was a steal

 엄마
뭐?! Steal? 훔쳤다고??
아무리 용돈이 적어도 그렇지!!!
도둑질이라니!!! 아이고오... 내가 널 그렇게 키웠냐

아들
그러게 진작에 용돈 좀 많이 주지 그랬어
농담이고 ㅋㅋㅋ

What I bought was a steal.
내가 산 것은 공짜나 마찬가지였어.
라는 뜻이야~

  보내기

DAY 23

나는 네가 의미하는 것을 알아.
I know **what you mean**.   누가 ~하는 것을 …해

이렇게 말해요!

'네가 의미하다'는 you mean, '네가 의미하는 것'은 그 앞에 what을 붙여서 말해요. '나는 네가 의미하는 것을 알아'는 맨 앞에 I know를 붙이면 돼요.

· 나는 **네가 의미하는 것을** 알아.   I know **what you mean**.

영어 문장을 따라하며 에코잉 해 보세요.

🎧 MP3를 들으며 메아리처럼 에코잉 해 보세요.

what he wants　　　　　　　　　　그가 원하는 것

😊 척하면 척이지~ '나는 그가 원하는 것을 알아맞힐 수 있어.'

> 영어 문장이 실제로 쓰이는 상황을 같이 보면 더 기억하기 쉬워요!

I can guess **what he wants**.　　나는 그가 원하는 것을 알아맞힐 수 있어.

😊 선물로 '나는 그가 원하는 것을 그에게 사주고 싶어.'

I want to buy him **what he wants**.
　　　　　　　　　　　나는 그가 원하는 것을 그에게 사주고 싶어.

😊 그 가게에 한 번 물어봐. '그들은 그가 원하는 것을 갖고 있을지도 몰라.'

They might have **what he wants**.
　　　　　　　　　　그들은 그가 원하는 것을 갖고 있을지도 몰라.

😐 주문할 거니까 '그가 점심 식사로 원하는 것을 물어봐.'

Ask him **what he wants** for lunch.　그가 점심 식사로 원하는 것을 물어봐.

😊 얘기하지 않아도 '그녀는 그가 그의 생일선물로 원하는 것을 알아.'

She knows **what he wants** for his birthday.
　　　　　　　　　　그녀는 그가 그의 생일선물로 원하는 것을 알아.

guess [게쓰] 알아맞히다　　**for lunch** [포 런치] 점심 식사로

우리말만 보고 영어로 **자동발사** 해 보세요.

🎧 MP3를 들으며 자동발사가 되는지 확인해 보세요.

그가 원하는 것 — **what he wants**

척하면 척이지~
나는 그가 원하는 것을 알아맞힐 수 있어.
 I can guess what he wants.

선물로
나는 그가 원하는 것을 그에게 사주고 싶어.

그 가게에 한 번 물어봐.
그들은 그가 원하는 것을 갖고 있을지도 몰라.

주문할 거니까
그가 점심 식사로 원하는 것을 물어봐.

얘기하지 않아도
그녀는 그가 그의 생일선물로 원하는 것을 알아.

영어 문장을 **따라하며 에코잉** 해 보세요.

MP3를 들으며 메아리처럼 에코잉 해 보세요.

what we should do — 우리가 해야 하는 것

😐 솔직히 '나는 우리가 해야 하는 것을 몰랐어.'
I didn't know **what we should do**. — 나는 우리가 해야 하는 것을 몰랐어.

😟 우리 책임이 커. '우리는 우리가 해야 하는 것을 하지 않았어.'
We didn't do **what we should do**. — 우리는 우리가 해야 하는 것을 하지 않았어.

😐 시간이 없어서 '우리는 우리가 해야 하는 것을 결정하지 않았어.'
We didn't decide **what we should do**. — 우리는 우리가 해야 하는 것을 결정하지 않았어.

😟 실망스럽게도 '그는 우리에게 우리가 성공하기 위해서 해야 하는 것을 말해주지 않았어.'
He didn't tell us **what we should do** to succeed. — 그는 우리에게 우리가 성공하기 위해서 해야 하는 것을 말해주지 않았어.

😟 코치로서 '그녀는 우리에게 이기기 위해서 우리가 해야 하는 것을 가르쳐주지 않았어.'
She didn't teach us **what we should do** to win. — 그녀는 우리에게 이기기 위해서 우리가 해야 하는 것을 가르쳐주지 않았어.

succeed [썩씨드] 성공하다   **teach** [티취] 가르쳐주다

우리말만 보고 영어로 **자동발사** 해 보세요.

🎧 MP3를 들으며 자동발사가 되는지 확인해 보세요.

우리가 해야 하는 것 — what we should do

솔직히
나는 우리가 해야 하는 것을 몰랐어.
 I didn't know what we should do.

우리 책임이 커.
우리는 우리가 해야 하는 것을 하지 않았어.

시간이 없어서
우리는 우리가 해야 하는 것을 결정하지 않았어.

실망스럽게도
그는 우리에게 우리가 성공하기 위해서 해야 하는 것을 말해주지 않았어.

코치로서
그녀는 우리에게 이기기 위해서 우리가 해야 하는 것을 가르쳐주지 않았어.

영어 문장을 따라하며 에코잉 해 보세요.

MP3를 들으며 메아리처럼 에코잉 해 보세요.

what I said — 내가 말한 것

난 정말 결백해. '너는 내가 말한 것을 믿니?'
Do you believe what I said? 너는 내가 말한 것을 믿니?

어젯밤에 '너는 내가 말한 것을 기억하니?'
Do you remember what I said? 너는 내가 말한 것을 기억하니?

조금 복잡하긴 하지만, '너는 내가 내 결정에 대해 말한 것을 이해하니?'
Do you understand what I said about my decision?
너는 내가 내 결정에 대해 말한 것을 이해하니?

반응이 어땠어? '그들은 내가 말한 것에 대해 신경 썼니?'
Did they care about what I said? 그들은 내가 말한 것에 대해 신경 썼니?

그새 '그녀는 내가 민호에 대해 말한 것을 네게 말해줬니?'
Did she tell you what I said about 민호?
그녀는 내가 민호에 대해 말한 것을 네게 말해줬니?

believe [빌리브] 믿다   decision [디씨젼] 결정   care [케어] 신경 쓰다

우리말만 보고 영어로 **자동발사** 해 보세요.

🎧 MP3를 들으며 자동발사가 되는지 확인해 보세요.

내가 말한 것 — what I said

난 정말 결백해.
너는 내가 말한 것을 믿니?

📢 Do you believe what I said?

어젯밤에
너는 내가 말한 것을 기억하니?

조금 복잡하긴 하지만,
너는 내가 내 결정에 대해 말한 것을 이해하니?

반응이 어땠어?
그들은 내가 말한 것에 대해 신경 썼니?

그새
그녀는 내가 민호에 대해 말한 것을 네게 말해줬니?

일상에서 쓰는 진짜 영어, 쉬운 영어!

9월 4일

 형준
나 어제 술을 너무 많이 마셨나 봐

지연
그런 거 같더라
어제 수정이 만난 건 기억해?

 형준
아니... 혹시 내가 말실수했어?

어젯밤에
Do you remember what I said?
너는 내가 말한 것을 기억하니?

지연
말...을 한 건 아니고...
수정이 앞에서 구애의 춤을 췄지ㅎㅎㅎ

보내기

DAY 24

나는 네가 예쁘다고 생각해.
I think that you're pretty.

~이라고 …해

저기 혹시... 남자친구 있니...?
아까부터 봤는데...
나는 네가 예쁘다고 생각해.
I think that you're pretty.

이렇게 말해요!

'네가 예쁘다'는 you're pretty, '나는 네가 예쁘다고 생각해'는 그 앞에 **I think that**을 붙이면 돼요.

- 나는 네가 예쁘다고 **생각해**.　　**I think that** you're pretty.

영어 문장을 **따라하며 에코잉** 해 보세요.

🎧 MP3를 들으며 메아리처럼 에코잉 해 보세요.

think/believe that ~   ~라고 생각해/믿어

😟 미안하지만 '나는 네가 틀렸다고 생각해.' 〈영어 문장이 실제로 쓰이는 상황을 같이 보면 더 기억하기 쉬워요!〉

I **think that** you're wrong.   나는 네가 틀렸다고 생각해.

😊 자기가 잘해줘서 '그는 그녀가 행복하다고 생각해.'

He **thinks that** she's happy.   그는 그녀가 행복하다고 생각해.

😟 아직 익숙하지 않아서 '우리는 네가 준비되었다고 생각하지 않았어.'

We didn't **think that** you were ready.
우리는 네가 준비되었다고 생각하지 않았어.

😊 왠지 느낌이 좋아. '나는 내가 이길 수 있다고 믿어.'

I **believe that** I can win.   나는 내가 이길 수 있다고 믿어.

😟 너무 멀쩡해 보여서 '그들은 내가 아팠다고 믿지 않았어.'

They didn't **believe that** I was sick.   그들은 내가 아팠다고 믿지 않았어.

---

wrong [륑] 틀린, 잘못된   **ready** [뤠디] 준비된   **sick** [씩] 아픈

우리말만 보고 영어로 **자동발사** 해 보세요.

MP3를 들으며 자동발사가 되는지 확인해 보세요.

~라고 생각해/믿어   think/believe that ~

미안하지만
나는 네가 틀렸다고 생각해.

 I think that you're wrong.

자기가 잘해줘서
그는 그녀가 행복하다고 생각해.

아직 익숙하지 않아서
우리는 네가 준비되었다고 생각하지 않았어.

왠지 느낌이 좋아.
나는 내가 이길 수 있다고 믿어.

너무 멀쩡해 보여서
그들은 내가 아팠다고 믿지 않았어.

영어 문장을 **따라하며 에코잉** 해 보세요.

MP3를 들으며 메아리처럼 에코잉 해 보세요.

think/believe that ~? ~라고 생각하니/믿니?

😐 어떤 것 같아? '너는 네가 틀렸다고 생각하니?'

Do you **think that** you're wrong? 너는 네가 틀렸다고 생각하니?

☹️ 그런 모습을 보고도 '그는 그녀가 행복하다고 생각하니?'

Does he **think that** she's happy? 그는 그녀가 행복하다고 생각하니?

🙂 이번에 출전했다고? '그들은 네가 준비되었다고 생각했니?'

Did they **think that** you were ready?
그들은 네가 준비되었다고 생각했니?

🙂 이번에도 '너는 네가 이길 수 있다고 믿니?'

Do you **believe that** you can win? 너는 네가 이길 수 있다고 믿니?

😐 나 정말 괜찮았는데, '그들은 내가 아팠다고 믿었니?'

Did they **believe that** I was sick? 그들은 내가 아팠다고 믿었니?

wrong [륑] 틀린, 잘못된   ready [뤠디] 준비된   sick [씩] 아픈

자동발사 톡!

우리말만 보고 영어로 **자동발사** 해 보세요.

🎧 MP3를 들으며 자동발사가 되는지 확인해 보세요.

~라고 생각하니/믿니?   think/believe that ~?

어떤 것 같아?
너는 네가 틀렸다고 생각하니?

 Do you think that you're wrong?

그런 모습을 보고도
그는 그녀가 행복하다고 생각하니?

이번에 출전했다고?
그들은 네가 준비되었다고 생각했니?

이번에도
너는 네가 이길 수 있다고 믿니?

나 정말 괜찮았는데,
그들은 내가 아팠다고 믿었니?

영어 문장을 **따라하며** 에코잉 해 보세요.

MP3를 들으며 메아리처럼 에코잉 해 보세요.

agree/know that ~   ~라고 동의해/~라는 걸 알아

😐 너무 늦어서 '나는 우리가 집에 가야 한다고 동의해.'
I **agree that** we should go home.   나는 우리가 집에 가야 한다고 동의해.

☹ 건강 검진 후 '그는 그가 담배 피우는 것을 그만두어야 한다고 동의해.'
He **agrees that** he should stop smoking.
그는 그가 담배 피우는 것을 그만두어야 한다고 동의해.

🙂 콩깍지가 쓰여서 '그녀는 그가 못생겼다고 동의하지 않았어.'
She didn't **agree that** he was ugly.
그녀는 그가 못생겼다고 동의하지 않았어.

🙂 빨리 말해줘. '나는 네가 좋은 소식이 있는 걸 알아.'
I **know that** you have good news.   나는 네가 좋은 소식이 있는 걸 알아.

☹ 네가 안 알려줘서 '나는 네가 거기 있었다는 걸 알지 못했어.'
I didn't **know that** you were there.
나는 네가 거기 있었다는 걸 알지 못했어.

agree [어그뤼] 동의하다   stop [스탑] 그만두다   news [뉴스] 소식

우리말만 보고 영어로 **자동발사** 해 보세요.

🎧 MP3를 들으며 자동발사가 되는지 확인해 보세요.

~라고 동의해/~라는 걸 알아   agree/know that ~

너무 늦어서
나는 우리가 집에 가야 한다고 동의해.
 I agree that we should go home.

건강 검진 후
그는 그가 담배 피우는 것을 그만두어야 한다고 동의해.

콩깍지가 쓰여서
그녀는 그가 못생겼다고 동의하지 않았어.

빨리 말해줘.
나는 네가 좋은 소식이 있는 걸 알아.

네가 안 알려줘서
나는 네가 거기 있었다는 걸 알지 못했어.

영어 문장을 **따라하며** 에코잉 해 보세요.

🎧 MP3를 들으며 메아리처럼 에코잉 해 보세요.

agree/know that ~? ~라고 동의하니?/~라는 걸 아니?

☺ 이 상황에서 '너는 우리가 집에 가야 한다고 동의하니?'

Do you **agree that** we should go home?

너는 우리가 집에 가야 한다고 동의하니?

😐 의외인데? '그는 그가 담배 피우는 것을 그만두어야 한다고 동의하니?'

Does he **agree that** he should stop smoking?

그는 그가 담배 피우는 것을 그만두어야 한다고 동의하니?

☹ 면전에 두고 '그녀는 그가 못생겼다고 동의했니?'

Did she **agree that** he was ugly?

그녀는 그가 못생겼다고 동의했니?

☺ 너무 축하해. '지호는 네가 좋은 소식이 있는 걸 아니?'

Does 지호 **know that** you have good news?

지호는 네가 좋은 소식이 있는 걸 아니?

☺ 날 찾아 왔었다고? '너는 내가 거기 있었다는 걸 알았니?'

Did you **know that** I was there?

너는 내가 거기 있었다는 걸 알았니?

agree [어그리] 동의하다   **stop** [스탑] 그만두다   **news** [뉴스] 소식

우리말만 보고 영어로 **자동발사** 해 보세요.

🎧 MP3를 들으며 자동발사가 되는지 확인해 보세요.

~라고 동의하니?/~라는 걸 아니?   agree/know that ~?

이 상황에서
너는 우리가 집에 가야 한다고 동의하니?

 Do you agree that we should go home?

의외인데?
그는 그가 담배 피우는 것을 그만두어야 한다고 동의하니?

면전에 두고
그녀는 그가 못생겼다고 동의했니?

너무 축하해.
지호는 네가 좋은 소식이 있는 걸 아니?

날 찾아 왔었다고?
너는 내가 거기 있었다는 걸 알았니?

일상에서 쓰는 진짜 영어, 쉬운 영어!

8월 3일

 해윤
아이스크림 내기 게임 한 판 할래?

민성
나야 좋지~ 항상 내가 이기잖아

해윤
하지만 난 오늘을 위해 지난 5일간 수련했어

이번에도
Do you believe that you can win?
너는 네가 이길 수 있다고 믿니?

민성
당연하지ㅎㅎ

    보내기

DAY 25

그는 내가 운이 좋았다고 말했어.
He said that I was lucky.

~이라고 말해

이 정도면 그나마 다행이라고 의사가 그러더라..
그는 내가 운이 좋았다고 말했어.
He said that I was lucky.

이렇게 말해요!

'나는 운이 좋았다'는 I was lucky, '그는 내가 운이 좋았다고 했어'는 그 앞에 He said that을 붙이면 돼요.

- 그는 내가 운이 좋았다고 **말했어**.   He **said that** I was lucky.

'그는 내게 내가 운이 좋다고 말했어'라는 의미로 말하려면 He said that 대신 He told me that을 붙이면 돼요.

- 그는 **내게** 내가 운이 좋다고 **말했어**.   He **told me that** I was lucky.

따라하며 톡!

영어 문장을 **따라하며 에코잉** 해 보세요.

🎧 MP3를 들으며 메아리처럼 에코잉 해 보세요.

said that ~ ~라고 말했어

😊 너무 보고 싶어서 '나는 내가 그녀를 그리워한다고 말했어.'
I said that I miss her. 나는 내가 그녀를 그리워한다고 말했어.

☹ 커피 한 잔 하자니까 '그는 그가 커피를 마시지 않는다고 말했어.'
He said that he doesn't drink coffee. 그는 그가 커피를 마시지 않는다고 말했어.

☹ 지난번에 만났을 때 '그녀는 그녀가 쉬길 원했다고 말했어.'
She said that she wanted to rest. 그녀는 그녀가 쉬길 원했다고 말했어.

☹ 자기가 잘못해놓고 '그는 그가 미안했다고 말하지 않았어.'
He didn't say that he was sorry. 그는 그가 미안했다고 말하지 않았어.

😊 놀라게 해주려고 '나는 내가 부산에 가는 기차를 탔다고 말하지 않았어.'
I didn't say that I took a train to 부산. 나는 내가 부산에 가는 기차를 탔다고 말하지 않았어.

> 영어 문장이 실제로 쓰이는 상황을 같이 보면 더 기억하기 쉬워요!

miss [미쓰] 그리워하다   rest [뤠스트] 쉬다   took [툭] take의 과거

자동발사 톡!

우리말만 보고 영어로 **자동발사** 해 보세요.

🎧 MP3를 들으며 자동발사가 되는지 확인해 보세요.

~라고 말했어 — said that ~

너무 보고 싶어서
나는 내가 그녀를 그리워한다고 말했어.

 I said that I miss her.

커피 한 잔 하자니까
그는 그가 커피를 마시지 않는다고 말했어.

지난번에 만났을 때
그녀는 그녀가 쉬길 원했다고 말했어.

자기가 잘못해놓고
그는 그가 미안했다고 말하지 않았어.

놀라게 해주려고
나는 내가 부산에 가는 기차를 탔다고 말하지 않았어.

영어 문장을 **따라하며 에코잉** 해 보세요.

MP3를 들으며 메아리처럼 에코잉 해 보세요.

told 누구 that ~   ~라고 누구에게 말했어

😊 이메일을 보낼 때마다 '나는 그녀에게 내가 그녀를 그리워한다고 말했어.'

I **told her that** I miss her.   나는 그녀에게 내가 그녀를 그리워한다고 말했어.

😞 건강상의 이유로 '그는 내게 그가 커피를 마시지 않는다고 말했어.'

He **told me that** he doesn't drink coffee.

그는 내게 그가 커피를 마시지 않는다고 말했어.

😟 너무 힘들다면서 '그녀는 우리에게 그녀가 쉬길 원했다고 말했어.'

She **told us that** she wanted to rest.

그녀는 우리에게 그녀가 쉬길 원했다고 말했어.

😒 결국 그냥 넘어갔어. '그는 그의 아내에게 그가 미안했다고 말하지 않았어.'

He didn't **tell his wife that** he was sorry.

그는 그의 아내에게 그가 미안했다고 말하지 않았어.

😊 그들이 추측한 거야. '나는 그들에게 내가 부산에 가는 기차를 탔다고 말하지 않았어.'

I didn't **tell them that** I took a train to 부산.

나는 그들에게 내가 부산에 가는 기차를 탔다고 말하지 않았어.

miss [미쓰] 그리워하다   rest [뤠스트] 쉬다   took [툭] take의 과거

우리말만 보고 영어로 **자동발사** 해 보세요.

🎧 MP3를 들으며 자동발사가 되는지 확인해 보세요.

~라고 누구에게 말했어   told 누구 that ~

이메일을 보낼 때마다
나는 그녀에게 내가 그녀를 그리워한다고 말했어.
 I told her that I miss her.

건강상의 이유로
그는 내게 그가 커피를 마시지 않는다고 말했어.

너무 힘들다면서
그녀는 우리에게 그녀가 쉬길 원했다고 말했어.

결국 그냥 넘어갔어.
그는 그의 아내에게 그가 미안했다고 말하지 않았어.

그들이 추측한 거야.
나는 그들에게 내가 부산에 가는 기차를 탔다고 말하지 않았어.

따라하며 톡!

영어 문장을 **따라하며 에코잉** 해 보세요.

🎧 MP3를 들으며 메아리처럼 에코잉 해 보세요.

tell 누구 that ~?   ~라고 누구에게 말하니?

😊 전화 통화했을 때, '너는 그녀에게 네가 그녀를 그리워한다고 말했니?'

Did you tell her that you miss her?
너는 그녀에게 네가 그녀를 그리워한다고 말했니?

😐 어떻게 알았어? '그는 너에게 그가 커피를 마시지 않는다고 말했니?'

Did he tell you that he doesn't drink coffee?
그는 너에게 그가 커피를 마시지 않는다고 말했니?

☹ 직접 와서 '그녀는 그들에게 그녀가 쉬길 원했다고 말했니?'

Did she tell them that she wanted to rest?
그녀는 그들에게 그녀가 쉬길 원했다고 말했니?

😊 내 조언대로 '그는 그의 아내에게 그가 미안했다고 말했니?'

Did he tell his wife that he was sorry?
그는 그의 아내에게 그가 미안했다고 말했니?

😐 지난번에 갔을 때 '내가 너에게 내가 부산에 가는 기차를 탔다고 말했니?'

Did I tell you that I took a train to 부산?
내가 너에게 내가 부산에 가는 기차를 탔다고 말했니?

miss [미쓰] 그리워하다   **rest** [뤠스트] 쉬다   **took** [툭] take의 과거

자동발사 톡!

우리말만 보고 영어로 **자동발사** 해 보세요.

🎧 MP3를 들으며 자동발사가 되는지 확인해 보세요.

~라고 누구에게 말하니?   tell 누구 that ~?

전화 통화했을 때,
너는 그녀에게 네가 그녀를 그리워한다고 말했니?

 Did you tell her that you miss her?

어떻게 알았어?
그는 너에게 그가 커피를 마시지 않는다고 말했니?

직접 와서
그녀는 그들에게 그녀가 쉬길 원했다고 말했니?

내 조언대로
그는 그의 아내에게 그가 미안했다고 말했니?

지난번에 갔을 때
내가 너에게 내가 부산에 가는 기차를 탔다고 말했니?

일상에서 쓰는 진짜 영어, 쉬운 영어!

1월 1일

 달링
자기야, 방금 누가 내 차를 긁었는데

자기가 잘못해놓고
He didn't say that he was sorry.
그는 그가 미안했다고 말하지 않았어.

자기
뭐어???! 이노므자식이!!

가만 두면 안 되겠네!!! 기다려봐!!

 **달링**
정말?? 바로 올 거야??

이 남자 잡아둬??

자기
응?? 으..응 아니, 일단 보험사 기다려보라고ㅎㅎ..

보내기

DAY 26

나는 네가 그걸 말할 수 있다는 것을 확신해.
I'm sure that you can say it.

~한 것을 …해

이렇게 말해요!

'네가 그걸 말할 수 있다'는 you can say it, '나는 네가 그걸 말할 수 있다는 것을 확신해'는 그 앞에 I'm sure that을 붙이면 돼요.

· 나는 네가 그걸 말할 수 있다는 **는 것을 확신해**.   I'm **sure that** you can say it.

영어 문장을 따라하며 에코잉 해 보세요.

🎧 MP3를 들으며 메아리처럼 에코잉 해 보세요.

sure/disappointed that ~   ~한 것을/에 확신해/실망스러워

🙂 결혼하고 더 좋아 보이더라. '나는 그가 행복한 것을 확신해.'

I'm **sure that** he's happy.

> 영어 문장이 실제로 쓰이는 상황을 같이 보면 더 기억하기 쉬워요!

나는 그가 행복한 것을 확신해.

🙂 외부 도움 없이 '우리는 우리가 그것을 처리할 수 있다는 것을 확신해.'

We're **sure that** we can handle it.

우리는 우리가 그것을 처리할 수 있다는 것을 확신해.

☹️ 아무리 얘기해도 '그녀는 그녀가 재능이 있었다는 것을 확신하지 않았어.'

She wasn't **sure that** she had the talent.

그녀는 그녀가 재능이 있었다는 것을 확신하지 않았어.

😢 나름 친한 사이인데, '그녀는 그들이 그녀를 초대하지 않았다는 것에 실망스러워.'

She's **disappointed that** they didn't invite her.

그녀는 그들이 그녀를 초대하지 않았다는 것에 실망스러워.

🙂 기대조차 하지 않아서 '그는 그가 그 경기를 졌다는 것에 실망스럽지 않았어.'

He wasn't **disappointed that** he lost the race.

그는 그가 그 경기를 졌다는 것에 실망스럽지 않았어.

handle [핸들] 처리하다   talent [탤런트] 재능   disappointed [디쓰어포인티드] 실망스러운

우리말만 보고 영어로 **자동발사** 해 보세요.

🎧 MP3를 들으며 자동발사가 되는지 확인해 보세요.

~한 것을/에 확신해/실망스러워   sure/disappointed that ~

결혼하고 더 좋아 보이더라.
나는 그가 행복한 것을 확신해.

 I'm sure that he's happy.

외부 도움 없이
우리는 우리가 그것을 처리할 수 있다는 것을 확신해.

아무리 얘기해도
그녀는 그녀가 재능이 있었다는 것을 확신하지 않았어.

나름 친한 사이인데,
그녀는 그들이 그녀를 초대하지 않았다는 것에 실망스러워.

기대조차 하지 않아서
그는 그가 그 경기를 졌다는 것에 실망스럽지 않았어.

영어 문장을 **따라하며 에코잉** 해 보세요.

 MP3를 들으며 메아리처럼 에코잉 해 보세요.

sure/disappointed that ~? ~한 것을/에 확신하니/실망스럽니?

😊 표정만 보고도 '너는 그가 행복한 것을 확신하니?'

Are you **sure that** he's happy?   너는 그가 행복한 것을 확신하니?

😊 확인해봤어? '그들은 그들이 그것을 처리할 수 있다는 것을 확신하니?'

Are they **sure that** they can handle it?
그들은 그들이 그것을 처리할 수 있다는 것을 확신하니?

😊 어린 나이에 '그녀는 그녀가 재능이 있었다는 것을 확신했니?'

Was she **sure that** she had the talent?
그녀는 그녀가 재능이 있었다는 것을 확신했니?

☹ 중요한 행사인데, '그녀는 그들이 그녀를 초대하지 않았다는 것에 실망스럽니?'

Is she **disappointed that** they didn't invite her?
그녀는 그들이 그녀를 초대하지 않았다는 것에 실망스럽니?

☹ 처음 출전했는데, '그는 그가 그 경기를 졌다는 것에 실망스러웠니?'

Was he **disappointed that** he lost the race?
그는 그가 그 경기를 졌다는 것에 실망스러웠니?

---

handle [핸들] 처리하다   **talent** [탤런트] 재능   **disappointed** [디쓰어포인티드] 실망스러운

자동발사 톡!

우리말만 보고 영어로 **자동발사** 해 보세요.

🎧 MP3를 들으며 자동발사가 되는지 확인해 보세요.

~한 것을/에 확신하니/실망스럽니? sure/disappointed that ~?

표정만 보고도
너는 그가 행복한 것을 확신하니?

 Are you sure that he's happy?

확인해봤어?
그들은 그들이 그것을 처리할 수 있다는 것을 확신하니?

어린 나이에
그녀는 그녀가 재능이 있었다는 것을 확신했니?

중요한 행사인데,
그녀는 그들이 그녀를 초대하지 않았다는 것에 실망스럽니?

처음 출전했는데,
그는 그가 그 경기를 졌다는 것에 실망스러웠니?

영어 문장을 따라하며 에코잉 해 보세요.

🎧 MP3를 들으며 메아리처럼 에코잉 해 보세요.

proud/thankful that ~   ~한 것에 자랑스러워/감사해

😊 월드컵 4강에 진출해서 '그들은 그들이 한국인이라는 것에 자랑스러워.'
They're **proud that** they're Korean.
그들은 그들이 한국인이라는 것에 자랑스러워.

😊 넘어졌는데도 불구하고 '나는 그가 그 시합을 마쳤다는 것에 자랑스러워.'
I'm **proud that** he finished the race.
나는 그가 그 시합을 마쳤다는 것에 자랑스러워.

☹ 팀 성과가 좋지 않아서 '그녀는 그녀가 그 팀의 리더였다는 것에 자랑스러워 하지 않았어.'
She wasn't **proud that** she was the leader of the team.
그녀는 그녀가 그 팀의 리더였다는 것에 자랑스러워 하지 않았어.

😊 주위를 돌아보면 '나는 내가 많은 친구들이 있다는 것에 감사해.'
I'm **thankful that** I have many friends.
나는 내가 많은 친구들이 있다는 것에 감사해.

☹ 원치 않는 회식이라 '그는 그들이 저녁을 샀다는 것에 감사하지 않았어.'
He wasn't **thankful that** they bought dinner.
그는 그들이 저녁을 샀다는 것에 감사하지 않았어.

thankful [쌩크풀]   race [뤠이스] 시합   bought [바트] buy의 과거

우리말만 보고 영어로 **자동발사** 해 보세요.

MP3를 들으며 자동발사가 되는지 확인해 보세요.

~한 것에 자랑스러워/감사해　　proud/thankful that ~

월드컵 4강에 진출해서
그들은 그들이 한국인이라는 것에 자랑스러워.

 They're proud that they're Korean.

넘어졌는데도 불구하고
나는 그가 그 시합을 마쳤다는 것에 자랑스러워.

팀 성과가 좋지 않아서
그녀는 그녀가 그 팀의 리더였다는 것에 자랑스러워 하지 않았어.

주위를 돌아보면
나는 내가 많은 친구들이 있다는 것에 감사해.

원치 않는 회식이라
그는 그들이 저녁을 샀다는 것에 감사하지 않았어.

영어 문장을 **따라하며** 에코잉 해 보세요.

🎧 MP3를 들으며 메아리처럼 에코잉 해 보세요.

proud/thankful that ~? ~한 것에 자랑스럽니/감사하니?

😊 태극기를 볼 때 '그들은 그들이 한국인이라는 것에 자랑스럽니?'

Are they proud that they're Korean?

그들은 그들이 한국인이라는 것에 자랑스럽니?

😊 우승은 못했지만 '너는 그가 그 시합을 마쳤다는 것에 자랑스럽니?'

Are you proud that he finished the race?

너는 그가 그 시합을 마쳤다는 것에 자랑스럽니?

😐 그렇게 고생하고도 '그녀는 그녀가 그 팀의 리더였다는 것에 자랑스러워 했니?'

Was she proud that she was the leader of the team?

그녀는 그녀가 그 팀의 리더였다는 것에 자랑스러워 했니?

😊 다들 부러워하는데, '너는 네가 많은 친구들이 있다는 것에 감사하니?'

Are you thankful that you have many friends?

너는 네가 많은 친구들이 있다는 것에 감사하니?

😊 배가 고프진 않았지만, '그는 그들이 저녁 식사를 샀다는 것에 감사했니?'

Was he thankful that they bought dinner?

그는 그들이 저녁 식사를 샀다는 것에 감사했니?

---

thankful [쌩크풀]   race [뤠이스] 시합   bought [바트] buy의 과거

자동발사 톡!

우리말만 보고 영어로 **자동발사** 해 보세요.

🎧 MP3를 들으며 자동발사가 되는지 확인해 보세요.

~한 것에 자랑스럽니/감사하니? proud/thankful that ~?

태극기를 볼 때
그들은 그들이 한국인이라는 것에 자랑스럽니?

 Are they proud that they're Korean?

우승은 못했지만
너는 그가 그 시합을 마쳤다는 것에 자랑스럽니?

그렇게 고생하고도
그녀는 그녀가 그 팀의 리더였다는 것에 자랑스러워 했니?

다들 부러워하는데,
너는 네가 많은 친구들이 있다는 것에 감사하니?

배가 고프진 않았지만,
그는 그들이 저녁 식사를 샀다는 것에 감사했니?

일상에서 쓰는 진짜 영어, 쉬운 영어!

2월 20일

해윤
> 이번 동계올림픽 스피드 스케이팅 경기 봤어?

 지영
> 응 다른 선수랑 부딪혀서 넘어졌잖아ㅠㅠ

해윤
> 넘어졌는데도 불구하고
> **I'm proud that he finished the race.**
> 나는 그가 그 시합을 마쳤다는 것에 자랑스러워.

 지영
> 맞아! 끝까지 포기 안 하고 경기를 마친 건
> 정말 멋있었어!

 　　　　　　　　　　　　　보내기

DAY 27

나는 내가 이것을 고칠 수 있는지 모르겠다.
I wonder if I can fix this.   ~인지 …해

일단은...
너무 울길래 고쳐주겠다고 하긴 했는데...
나는 내가 이것을 고칠 수 있는지 모르겠다.
I wonder if I can fix this.

이렇게 말해요!

'내가 이것을 고칠 수 있다'는 I can fix this, '나는 내가 이것을 고칠 수 있는지 모르겠다'는 그 앞에 I wonder를 붙이면 돼요.

· 나는 내가 이것을 고칠 수 있**는지 모르겠다**.   **I wonder if** I can fix this.

영어 문장을 **따라하며 에코잉** 해 보세요.

 MP3를 들으며 메아리처럼 에코잉 해 보세요.

wonder/ask if ~ ~인지 궁금해/물어봐

😊 나만의 착각인가? '나는 민호가 나를 좋아하는지 궁금해.'

I **wonder if** 민호 likes me.   나는 민호가 나를 좋아하는지 궁금해.

😊 어제 내 이상형을 봤는데 '나는 그가 이 수업을 듣고 있는지 궁금해.'

I **wonder if** he's taking this class.
　　　　　　　　　　　　　나는 그가 이 수업을 듣고 있는지 궁금해.

☹ 답장이 없어. '나는 그녀가 내 이메일을 받았는지 궁금해.'

I **wonder if** she received my e-mail.
　　　　　　　　　　　　　나는 그녀가 내 이메일을 받았는지 궁금해.

☹ 영수증을 가져가서 '나는 내가 환불을 받을 수 있는지 물어봤어.'

I **asked if** I could get a refund.   나는 내가 환불을 받을 수 있는지 물어봤어.

😊 기다리는 동안 '그녀는 그들이 마실 뭔가가 필요한지 물어봤어.'

She **asked if** they needed something to drink.
　　　　　　　　　　　그녀는 그들이 마실 뭔가가 필요한지 물어봤어.

wonder [원더] 궁금하다, ~인지 모르겠다　**receive** [뤼씨브] 받다　**could** [쿠드] can의 과거

우리말만 보고 영어로 **자동발사** 해 보세요.

MP3를 들으며 자동발사가 되는지 확인해 보세요.

~인지 궁금해/물어봐   wonder/ask if ~

나만의 착각인가?
나는 민호가 나를 좋아하는지 궁금해.
 I wonder if 민호 likes me.

어제 내 이상형을 봤는데
나는 그가 이 수업을 듣고 있는지 궁금해.

답장이 없어.
나는 그녀가 내 이메일을 받았는지 궁금해.

영수증을 가져가서
나는 내가 환불을 받을 수 있는지 물어봤어.

기다리는 동안
그녀는 그들이 마실 뭔가가 필요한지 물어봤어.

따라하며 톡!

영어 문장을 **따라하며** 에코잉 해 보세요.

MP3를 들으며 메아리처럼 에코잉 해 보세요.

know/ask if ~? ~인지 아니/물어봐?

😀 혹시 들은 거 없어? '너는 민호가 나를 좋아하는지 아니?'
Do you know if 민호 likes me?   너는 민호가 나를 좋아하는지 아니?

😊 이번 학기에 '너는 그가 이 수업을 듣고 있는지 아니?'
Do you know if he's taking this class?
너는 그가 이 수업을 듣고 있는지 아니?

😟 급한 사안이라 그런데, '너는 그녀가 내 이메일을 받았는지 아니?'
Do you know if she received my e-mail?
너는 그녀가 내 이메일을 받았는지 아니?

😐 전화 걸어서 '너는 네가 환불을 받을 수 있는지 물어봤니?'
Did you ask if you could get a refund?
너는 네가 환불을 받을 수 있는지 물어봤니?

🙂 아까 와서 '그녀는 그들이 마실 뭔가가 필요한지 물어봤니?'
Did she ask if they needed something to drink?
그녀는 그들이 마실 뭔가가 필요한지 물어봤니?

receive [뤼씨브] 받다   **could** [쿠드] can의 과거   **refund** [뤼펀드] 환불

자동발사 톡!

우리말만 보고 영어로 **자동발사** 해 보세요.

🎧 MP3를 들으며 자동발사가 되는지 확인해 보세요.

~인지 아니/물어봐?　　　　　know/ask if ~?

혹시 들은 거 없어?
너는 민호가 나를 좋아하는지 아니?
 Do you know if 민호 likes me?.

이번 학기에
너는 그가 이 수업을 듣고 있는지 아니?

급한 사안이라 그런데,
너는 그녀가 내 이메일을 받았는지 아니?

전화 걸어서
너는 네가 환불을 받을 수 있는지 물어봤니?

아까 와서
그녀는 그들이 마실 뭔가가 필요한지 물어봤니?

따라하며 톡!

영어 문장을 **따라하며 에코잉** 해 보세요.

🎧 MP3를 들으며 메아리처럼 에코잉 해 보세요.

sure/check if~   ~인지 확신해/확인해

😟 전화가 안 돼서 '나는 그가 내일 올 것인지 확신하지 않아.'

I'm not **sure if** he's coming tomorrow.
나는 그가 내일 올 것인지 확신하지 않아.

😟 차가 많이 막혀서 '나는 그녀가 제시간에 도착할 수 있을지 확신하지 않아.'

I'm not **sure if** she can arrive on time.
나는 그녀가 제시간에 도착할 수 있을지 확신하지 않아.

😐 요즘 연락 안 해서 '나는 그가 여자친구가 있는지 확신하지 않아.'

I'm not **sure if** he has a girlfriend.
나는 그가 여자친구가 있는지 확신하지 않아

😟 아프다고 했지만 '나는 그녀가 괜찮았는지 확인하지 않았어.'

I didn't **check if** she was okay. 나는 그녀가 괜찮았는지 확인하지 않았어.

😐 깜빡하고 '그녀는 그가 그의 숙제를 끝냈는지 확인하지 않았어.'

She didn't **check if** he finished his homework.
그녀는 그가 그의 숙제를 끝냈는지 확인하지 않았어.

on time [온 타임] 제시간에   **okay** [오케이] 괜찮은

우리말만 보고 영어로 **자동발사** 해 보세요.

MP3를 들으며 자동발사가 되는지 확인해 보세요.

~인지 확신해/확인해 — sure/check if~

전화가 안 돼서
나는 그가 내일 올 것인지 확신하지 않아.

 I'm not sure if he's coming tomorrow.

차가 많이 막혀서
나는 그녀가 제시간에 도착할 수 있을지 확신하지 않아.

요즘 연락 안 해서
나는 그가 여자친구가 있는지 확신하지 않아

아프다고 했지만
나는 그녀가 괜찮았는지 확인하지 않았어.

깜빡하고
그녀는 그가 그의 숙제를 끝냈는지 확인하지 않았어.

영어 문장을 **따라하며 에코잉** 해 보세요.

🎧 MP3를 들으며 메아리처럼 에코잉 해 보세요.

know/check if ~? ~인지 아니/확인하니?

😊 너랑 친하잖아. '너는 그가 내일 올 것인지 아니?'

Do you **know if** he's coming tomorrow?

너는 그가 내일 올 것인지 아니?

☹️ 늦으면 안 되는데. '너는 그녀가 제시간에 도착할 수 있는지 아니?'

Do you **know if** she can arrive on time?

너는 그녀가 제시간에 도착할 수 있는지 아니?

😊 고백해볼까? '너는 그가 여자친구가 있는지 아니?'

Do you **know if** he has a girlfriend? 너는 그가 여자친구가 있는지 아니?

☹️ 문병 가서 '너는 그녀가 괜찮았는지 확인했니?'

Did you **check if** she was okay? 너는 그녀가 괜찮았는지 확인했니?

😊 학교에 가기 전에 '그녀는 그가 그의 숙제를 끝냈는지 확인했니?'

Did she **check if** he finished his homework?

그녀는 그가 그의 숙제를 끝냈는지 확인했니?

on time [온 타임] 제시간에   **okay** [오케이] 괜찮은

우리말만 보고 영어로 **자동발사** 해 보세요.

🎧 MP3를 들으며 자동발사가 되는지 확인해 보세요.

~인지 아니/확인하니?   know/check if ~?

너랑 친하잖아.
너는 그가 내일 올 것인지 아니?

 Do you know if he's coming tomorrow?

늦으면 안 되는데,
너는 그녀가 제시간에 도착할 수 있는지 아니?

고백해볼까?
너는 그가 여자친구가 있는지 아니?

문병 가서
너는 그녀가 괜찮았는지 확인했니?

학교에 가기 전에
그녀는 그가 그의 숙제를 끝냈는지 확인했니?

일상에서 쓰는 진짜 영어, 쉬운 영어!

5월 9일

 민경
너 금요일에 내 생일파티 올 수 있어?

민준
I'm not sure if I can make it

 민경
make it? 뭘 또 만들어서 오려고 그래ㅎㅎ
빈 손으로 와두 된다니까~

민준
영어로 make it은 '참석하다'라는 의미야ㅋㅋㅋ

I'm not sure if I can make it.
나는 내가 참석할 수 있을지 확신하지 않아.

가게 되면 꼭 빈 손으로 갈게~

 민경

   보내기

DAY 28

나는 내가 그걸 어디에 뒀는지 기억해.
I remember where I put it.   어디에(서) ~하는지 …해

이렇게 말해요!

'나는 내가 그걸 어디에 뒀는지 기억해'는 이렇게 말하면 돼요.
I remember (나는 기억해) + where I put it (어디에 내가 그걸 뒀는지)
where은 '어디에(서)'라는 의미예요.

· 나는 **내가 그걸 어디에 뒀는지** 기억해.   I remember **where I put it**.

영어 문장을 **따라하며 에코잉** 해 보세요.

🎧 MP3를 들으며 메아리처럼 에코잉 해 보세요.

… where ~   어디에(서) ~하는지 …해

😔 가물가물해. '나는 그녀가 어디에 사는지 잊었어.'

I forgot **where she lives**.

나는 그녀가 어디에 사는지 잊었어.

😊 그리로 갈 테니 '우리에게 지금 당장 네가 어디에 있는지 말해줘.'

Tell us **where you are right now**.

우리에게 지금 당장 네가 어디에 있는지 말해줘.

😊 친절하게도 '그는 내게 내가 어디에서 티켓을 살 수 있는지 보여줬어.'

He showed me **where I can buy a ticket**.

그는 내게 내가 어디에서 티켓을 살 수 있는지 보여줬어.

😐 무례하게 들릴까 봐 '나는 그가 그 선물을 어디에서 샀는지 물어보지 않았어.'

I didn't ask **where he bought the gift**.

나는 그가 그 선물을 어디에서 샀는지 물어보지 않았어.

😊 뻔하지 뭐. '나는 네가 지난 일요일에 어디에 갔는지 알아맞힐 수 있어.'

I can guess **where you went last Sunday**.

나는 네가 지난 일요일에 어디에 갔는지 알아맞힐 수 있어.

right now [롸잇 나우] 지금 당장   **bought** [바트] buy의 과거   **last** [라스트] 지난

우리말만 보고 영어로 **자동발사** 해 보세요.

🎧 MP3를 들으며 자동발사가 되는지 확인해 보세요.

어디에(서) ~하는지 …해 ··· where ~

가물가물해.
나는 그녀가 어디에 사는지 잊었어.

 I forgot where she lives.

그리로 갈테니
우리에게 지금 당장 네가 어디에 있는지 말해줘.

친절하게도
그는 내게 내가 어디에서 티켓을 살 수 있는지 보여줬어.

무례하게 들릴까 봐
나는 그가 그 선물을 어디에서 샀는지 물어보지 않았어.

뻔하지 뭐.
나는 네가 지난 일요일에 어디에 갔는지 알아맞힐 수 있어.

영어 문장을 따라하며 에코잉 해 보세요.

🎧 MP3를 들으며 메아리처럼 에코잉 해 보세요.

… where ~? 　　　어디에(서) ~하는지 …하니?

😐 몇 번이나 와 보고도 '너는 그녀가 어디에 사는지 잊었니?'
Did you forget where she lives?
　　　　　　　　　　너는 그녀가 어디에 사는지 잊었니?

🙂 데리러 갈게. '너는 우리에게 지금 당장 네가 어디에 있는지 말해줄래?'
Will you tell us where you are right now?
　　　　　　　　　　너는 우리에게 지금 당장 네가 어디에 있는지 말해줄래?

🙂 도착하자마자 '그는 네게 네가 어디에서 티켓을 살 수 있는지 보여줬니?'
Did he show you where you can buy a ticket?
　　　　　　　　　　그는 네게 네가 어디에서 티켓을 살 수 있는지 보여줬니?

🙂 내가 부탁했었잖아. '너는 그가 그 선물을 어디에서 샀는지 물어봤니?'
Did you ask where he bought the gift?
　　　　　　　　　　너는 그가 그 선물을 어디에서 샀는지 물어봤니?

🙂 알면 깜짝 놀랄걸? '너는 내가 지난 일요일에 어디에 갔는지 알아맞힐 수 있니?'
Can you guess where I went last Sunday?
　　　　　　　　　　너는 내가 지난 일요일에 어디에 갔는지 알아맞힐 수 있니?

---

right now [롸잇 나우] 지금 당장　　**bought** [바트] buy의 과거　　**last** [라스트] 지난

우리말만 보고 영어로 **자동발사** 해 보세요.

🎧 MP3를 들으며 자동발사가 되는지 확인해 보세요.

어디에(서) ~하는지 …하니?　　　　… where ~?

몇 번이나 와 보고도
너는 그녀가 어디에 사는지 잊었니?

 Did you forget where she lives?

데리러 갈게.
너는 우리에게 지금 당장 네가 어디에 있는지 말해줄래?

도착하자마자
그는 네게 네가 어디에서 티켓을 살 수 있는지 보여줬니?

내가 부탁했었잖아.
너는 그가 그 선물을 어디에서 샀는지 물어봤니?

알면 깜짝 놀랄걸?
너는 내가 지난 일요일에 어디에 갔는지 알아맞힐 수 있니?

영어 문장을 **따라하며** 에코잉 해 보세요.

MP3를 들으며 메아리처럼 에코잉 해 보세요.

… where ~   어디에(서) ~하는지 …해

😊 같은 동네라 '우리는 그가 그 버스를 어디에서 타는지 알아.'
We know **where he takes the bus**.
우리는 그가 그 버스를 어디에서 타는지 알아.

😐 당분간 비밀이라며 '그는 그가 매일 밤 어디에 가는지 설명하지 않았어.'
He didn't explain **where he goes every night**.
그는 그가 매일 밤 어디에 가는지 설명하지 않았어.

😟 혼자 가는 게 아니라 '그는 그가 어디에서 그의 휴가를 보내야 할지 결정할 수 없어.'
He can't decide **where he should spend his vacation**.
그는 그가 어디에서 그의 휴가를 보내야 할지 결정할 수 없어.

😕 나한테 전화 좀 해봐. '나는 내가 내 전화기를 어디에 두었는지 기억나지 않아.'
I don't remember **where I put my phone**.
나는 내가 내 전화기를 어디에 두었는지 기억나지 않아.

😊 그녀가 없는 사이 '그는 그녀가 그 돈을 어디에 숨겼는지 찾으려고 시도했어.'
He tried to find **where she hid the money**.
그는 그녀가 그 돈을 어디에 숨겼는지 찾으려고 시도했어.

every night [에브뤼 나이트] 매일 밤   **spend** [스팬드] 보내다   **hid** [히드] hide의 과거

자동발사 톡!

우리말만 보고 영어로 **자동발사** 해 보세요.

🎧 MP3를 들으며 자동발사가 되는지 확인해 보세요.

어디에(서) ~하는지 …해　　　… where ~

같은 동네라
우리는 그가 그 버스를 어디에서 타는지 알아.
 We know where he takes the bus.

당분간 비밀이라며
그는 그가 매일 밤 어디에 가는지 설명하지 않았어.

혼자 가는 게 아니라
그는 그가 어디에서 그의 휴가를 보내야 할지 결정할 수 없어.

나한테 전화 좀 해봐.
나는 내가 내 전화기를 어디에 두었는지 기억나지 않아.

그녀가 없는 사이
그는 그녀가 그 돈을 어디에 숨겼는지 찾으려고 시도했어.

영어 문장을 **따라하며 에코잉** 해 보세요.

🎧 MP3를 들으며 메아리처럼 에코잉 해 보세요.

… where ~?
어디에(서) ~하는지 …하니?

😐 걔 벌써 나갔어? '너는 그가 그 버스를 어디에서 타는지 아니?'
Do you know where he takes the bus?
너는 그가 그 버스를 어디에서 타는지 아니?

😟 좀 걱정되는데, '그는 그가 매일 밤 어디에 가는지 설명했니?'
Did he explain where he goes every night?
그는 그가 매일 밤 어디에 가는지 설명했니?

🙂 가족들 신경 안 쓰고 '그는 그가 어디에서 그의 휴가를 보내야 할지 결정할 수 있니?'
Can he decide where he should spend his vacation?
그는 그가 어디에서 그의 휴가를 보내야 할지 결정할 수 있니?

😐 천천히 잘 생각해봐. '너는 네가 네 전화기를 어디에 두었는지 기억나니?'
Do you remember where you put your phone?
너는 네가 네 전화기를 어디에 두었는지 기억나니?

😊 직접 찾아가서 '그는 그녀가 그 돈을 어디에 숨겼는지 찾으려고 시도했니?'
Did he try to find where she hid the money?
그는 그녀가 그 돈을 어디에 숨겼는지 찾으려고 시도했니?

every night [에브뤼 나이트] 매일 밤   spend [스팬드] 보내다   hid [히드] hide의 과거

우리말만 보고 영어로 **자동발사** 해 보세요.

🎧 MP3를 들으며 자동발사가 되는지 확인해 보세요.

어디에(서) ~하는지 …하니?   … where ~?

걔 벌써 나갔어?
너는 그가 그 버스를 어디에서 타는지 아니?

 Do you know where he takes the bus?

좀 걱정되는데,
그는 그가 매일 밤 어디에 가는지 설명했니?

가족들 신경 안 쓰고
그는 그가 어디에서 그의 휴가를 보내야 할지 결정할 수 있니?

천천히 잘 생각해봐.
너는 네가 네 전화기를 어디에 두었는지 기억나니?

직접 찾아가서
그는 그녀가 그 돈을 어디에 숨겼는지 찾으려고 시도했니?

일상에서 쓰는 진짜 영어, 쉬운 영어!

4월 30일

 엄마
지금 어디니??

아들
이제 곧 학원 끝나요~

 엄마
아빠랑 드라이브 나왔는데 데리러 갈게~

아들
야 큰일났어 나 지금 PC방인데 엄마가 데리러 온대

 엄마
뭐? PC방? 거짓말을 해?!

그리로 갈테니
Tell us where you are right now.
우리에게 네가 지금 당장 어디에 있는지 말해줘.

아들
앗 메시지 잘못 보냈다;;;

    보내기

DAY 29

그녀는 네가 언제 집에 갔는지 알아.
She knows when you went home.   언제 ~하는지 …해

여자친구한테 어제 늦게 들어간 거 말 안 했어?
엄청 화나서 나한테 전화했길래 다 말해버렸는데...
그녀는 네가 언제 집에 갔는지 알아.
She knows when you went home.

이렇게 말해요!

'그녀는 네가 언제 집에 갔는지 알아'는 이렇게 말하면 돼요.
　　　　　　She knows (그녀는 알아) + when you went home (언제 네가 집에 갔는지)
when은 '언제'라는 의미예요.

· 그녀는 **네가 언제 집에 갔는지** 알아.　　She knows **when you went home**.

영어 문장을 **따라하며** 에코잉 해 보세요.

🎧 MP3를 들으며 메아리처럼 에코잉 해 보세요.

··· when ~　　　　　　　　　　　　언제 ~하는지 ···해

😟 정말 미안한데, '나는 네 생일이 언제인지 잊었어.'
　　　　　　　　　　　　　　　　　영어 문장이 실제로 쓰이는 상황을
　　　　　　　　　　　　　　　　　같이 보면 더 기억하기 쉬워요!

I forgot **when your birthday is**.　　　나는 네 생일이 언제인지 잊었어.

🙂 나 말고 그에게 물어봐. '그는 그 행사가 언제 시작하는지 알아.'

He knows **when the event begins**.　그는 그 행사가 언제 시작하는지 알아.

🙂 다 끝난 후에 '나는 내가 언제 돌아와야 하는지 물어보지 않았어.'

I didn't ask **when I should come back**.
　　　　　　　　　　　　　나는 내가 언제 돌아와야 하는지 물어보지 않았어.

😟 아무리 생각해봐도 '나는 내가 언제 내 전화기를 잃어버렸는지 기억나지 않아.'

I don't remember **when I lost my phone**.
　　　　　　　　　　　　나는 내가 언제 내 전화기를 잃어버렸는지 기억나지 않아.

🙂 역사적 자료를 토대로 '그들은 그가 언제 그 소설을 썼는지 알아맞힐 수 있어.'

They can guess **when he wrote the novel**.
　　　　　　　　　　　　그들은 그가 언제 그 소설을 썼는지 알아맞힐 수 있어.

begin [비긴] 시작하다　wrote [로트] write의 과거　novel [노블] 소설

우리말만 보고 영어로 **자동발사** 해 보세요.

MP3를 들으며 자동발사가 되는지 확인해 보세요.

언제 ~하는지 …해　　　　　　　　　　… when ~

정말 미안한데,
나는 네 생일이 언제인지 잊었어.
 I forgot when your birthday is.

나 말고 그에게 물어봐.
그는 그 행사가 언제 시작하는지 알아.

다 끝난 후에
나는 내가 언제 돌아와야 하는지 물어보지 않았어.

아무리 생각해봐도
나는 내가 언제 내 전화기를 잃어버렸는지 기억나지 않아.

역사적 자료를 토대로
그들은 그가 언제 그 소설을 썼는지 알아맞힐 수 있어.

영어 문장을 **따라하며 에코잉** 해 보세요.

MP3를 들으며 메아리처럼 에코잉 해 보세요.

··· when ~?   언제 ~하는지 ···하니?

😐 진심으로 '너는 내 생일이 언제인지 잊었니?'
Did you forget when my birthday is? 너는 내 생일이 언제인지 잊었니?

🙂 누구한테 물어봐야 해? '그는 그 행사가 언제 시작하는지 아니?'
Does he know when the event begins?
그는 그 행사가 언제 시작하는지 아니?

😟 의사 선생님께 '너는 네가 언제 돌아와야 하는지 물어봤니?'
Did you ask when you should come back?
너는 네가 언제 돌아와야 하는지 물어봤니?

😐 침착하게 생각해봐. '너는 네가 언제 네 전화기를 잃어버렸는지 기억나니?'
Do you remember when you lost your phone?
너는 네가 언제 네 전화기를 잃어버렸는지 기억나니?

🙂 알려진 것이 거의 없는데도 '그들은 그가 언제 그 소설을 썼는지 알아맞힐 수 있니?'
Can they guess when he wrote the novel?
그들은 그가 언제 그 소설을 썼는지 알아맞힐 수 있니?

begin [비긴] 시작하다   wrote [로트] write의 과거   novel [노블] 소설

자동발사 톡!

우리말만 보고 영어로 **자동발사** 해 보세요.

🎧 MP3를 들으며 자동발사가 되는지 확인해 보세요.

언제 ~하는지 …하니?   … when ~?

진심으로
너는 내 생일이 언제인지 잊었니?
 Did you forget when my birthday is?

누구한테 물어봐야 해?
그는 그 행사가 언제 시작하는지 아니?

의사 선생님께
너는 네가 언제 돌아와야 하는지 물어봤니?

침착하게 생각해봐.
너는 네가 언제 네 전화기를 잃어버렸는지 기억나니?

알려진 것이 거의 없는데도
그들은 그가 언제 그 소설을 썼는지 알아맞힐 수 있니?

영어 문장을 따라하며 에코잉 해 보세요.

MP3를 들으며 메아리처럼 에코잉 해 보세요.

··· when ~   언제 ~하는지 ···해

😊 전화를 걸어 '그녀는 그 식당이 언제 여는지 물어봤어.'
She asked **when the restaurant opens**.
그녀는 그 식당이 언제 여는지 물어봤어.

😞 시간은 말 안 해서 '나는 그가 언제 여기로 올지 몰라.'
I don't know **when he'll come here**.   나는 그가 언제 여기로 올지 몰라.

😊 집에 가기 전에 '우리는 우리가 다음에 언제 만날지 결정해야 해.'
We have to decide **when we'll meet next time**.
우리는 우리가 다음에 언제 만날지 결정해야 해.

😊 면접관이 물어보자 '그는 그가 언제 졸업했는지 대답했어.'
He answered **when he graduated**.   그는 그가 언제 졸업했는지 대답했어.

😞 오늘 정신이 없어서 '나는 내가 언제 그 약을 먹었는지 기억할 수 없어.'
I can't remember **when I took the medicine**.
나는 내가 언제 그 약을 먹었는지 기억할 수 없어.

restaurant [뤠스트런트] 식당   **graduate** [그래쥬에이트] 졸업하다   **medicine** [매디쓴] 약

우리말만 보고 영어로 **자동발사** 해 보세요.

🎧 MP3를 들으며 자동발사가 되는지 확인해 보세요.

언제 ~하는지 …해　　　　　　　　　　… when ~

전화를 걸어
그녀는 그 식당이 언제 여는지 물어봤어.

 She asked when the restaurant opens.

시간은 말 안 해서
나는 그가 언제 여기로 올지 몰라.

집에 가기 전에
우리는 우리가 다음에 언제 만날지 결정해야 해.

면접관이 물어보자
그는 그가 언제 졸업했는지 대답했어.

오늘 정신이 없어서
나는 내가 언제 그 약을 먹었는지 기억할 수 없어.

영어 문장을 **따라하며 에코잉** 해 보세요.

 MP3를 들으며 메아리처럼 에코잉 해 보세요.

… when ~? 언제 ~하는지 …하니?

🙂 방문하기 전에. '그녀는 그 식당이 언제 여는지 물어봤니?'
Did she ask **when the restaurant opens**?
그녀는 그 식당이 언제 여는지 물어봤니?

🙂 연락 안 왔어? '너는 그가 언제 여기로 올지 아니?'
Do you know **when he'll come here**? 너는 그가 언제 여기로 올지 아니?

🙂 아직 안 정했나? '우리는 우리가 다음에 언제 만날지 결정해야 하니?'
Do we have to decide **when we'll meet next time**?
우리는 우리가 다음에 언제 만날지 결정해야 하니?

😐 아까 못 들었는데. '그는 그가 언제 졸업했는지 대답했니?'
Did he answer **when he graduated**?
그는 그가 언제 졸업했는지 대답했니?

🙂 잘 생각해봐. '너는 네가 언제 그 약을 먹었는지 기억할 수 있니?'
Can you remember **when you took the medicine**?
너는 네가 언제 그 약을 먹었는지 기억할 수 있니?

restaurant [뤠스트런트] 식당　**graduate** [그래쥬에이트] 졸업하다　**medicine** [매디쓴] 약

우리말만 보고 영어로 **자동발사** 해 보세요.

 MP3를 들으며 자동발사가 되는지 확인해 보세요.

언제 ~하는지 …하니? … when ~?

방문하기 전에
그녀는 그 식당이 언제 여는지 물어봤니?

 Did she ask when the restaurant opens?

연락 안 왔어?
너는 그가 언제 여기로 올지 아니?

아직 안 정했나?
우리는 우리가 다음에 언제 만날지 결정해야 하니?

아까 못 들었는데,
그는 그가 언제 졸업했는지 대답했니?

잘 생각해봐.
너는 네가 언제 그 약을 먹었는지 기억할 수 있니?

일상에서 쓰는 진짜 영어, 쉬운 영어!

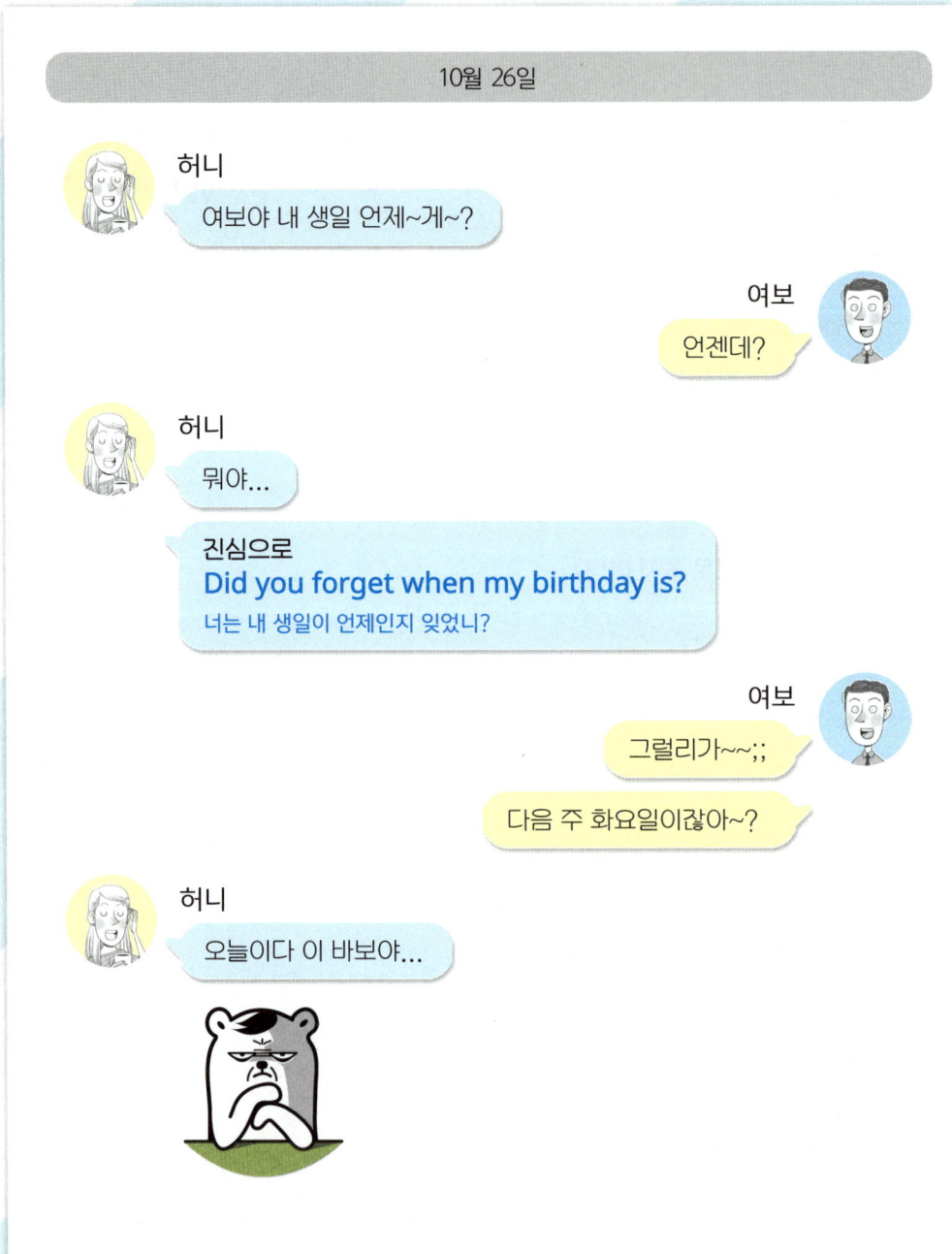

네가 어떻게 영어 공부했는지 내게 말해줘.
Tell me how you studied English.   어떻게 ~하는지 …해

이렇게 말해요!

'네가 어떻게 영어 공부했는지 내게 말해줘'는 이렇게 말하면 돼요.
　　　　Tell me (내게 말해줘) + how you studied English (어떻게 네가 영어 공부했는지)
how는 '어떻게'라는 의미예요.

· **네가 어떻게 영어 공부했는지** 내게 말해줘.　Tell me **how you studied English**.

영어 문장을 따라하며 에코잉 해 보세요.

MP3를 들으며 메아리처럼 에코잉 해 보세요.

··· how ~   어떻게 ~하는지 ···해

☹ 한 번 보고는 '나는 네가 어떻게 그것을 할 수 있는지 이해하지 못해.'

I don't understand how you can do it.

나는 네가 어떻게 그것을 할 수 있는지 이해하지 못해.

☺ 투자비법이 있나 봐. '나는 그들이 어떻게 돈을 버는지 알고 싶어.'

I want to know how they make money.

나는 그들이 어떻게 돈을 버는지 알고 싶어.

☺ 자기계발을 위해 '네가 어떻게 네 자유시간을 사용하는지 설명해줘.'

Please explain how you use your free time.

네가 어떻게 네 자유시간을 사용하는지 설명해줘.

☺ 그런 극한 상황에서 '나는 그가 어떻게 살아남았는지 궁금했어.'

I wondered how he survived.   나는 그가 어떻게 살아남았는지 궁금했어.

☺ 나도 사고 싶어서 '나는 그녀에게 그녀가 어떻게 티켓을 얻었는지 물어봤어.'

I asked her how she got a ticket.

나는 그녀에게 그녀가 어떻게 티켓을 얻었는지 물어봤어.

make money [메이크 머니] 돈을 벌다   free time [프뤼 타임] 자유시간   survive [써봐이브] 살아남다

우리말만 보고 영어로 **자동발사** 해 보세요.

MP3를 들으며 자동발사가 되는지 확인해 보세요.

어떻게 ~하는지 …해   … how ~

한 번 보고는
나는 네가 어떻게 그것을 할 수 있는지 이해하지 못해.

 I don't understand how you can do it.

투자비법이 있나 봐.
나는 그들이 어떻게 돈을 버는지 알고 싶어.

자기계발을 위해
네가 어떻게 네 자유시간을 사용하는지 설명해줘.

그런 극한 상황에서
나는 그가 어떻게 살아남았는지 궁금했어.

나도 사고 싶어서
나는 그녀에게 그녀가 어떻게 티켓을 얻었는지 물어봤어.

영어 문장을 **따라하며 에코잉** 해 보세요.

MP3를 들으며 메아리처럼 에코잉 해 보세요.

… how ~?

어떻게 ~하는지 …해?

😊 진짜 신기해. '너는 그가 어떻게 그것을 할 수 있는지 이해하니?'
Do you understand **how he can do it**?
너는 그가 어떻게 그것을 할 수 있는지 이해하니?

😊 궁금한가 보구나? '너는 그들이 어떻게 돈을 버는지 알고 싶니?'
Do you want to know **how they make money**?
너는 그들이 어떻게 돈을 버는지 알고 싶니?

😊 그렇게 바쁜 가운데 '너는 네가 어떻게 네 자유시간을 사용하는지 설명해줄 수 있니?'
Can you explain **how you use your free time**?
너는 네가 어떻게 네 자유시간을 사용하는지 설명해줄 수 있니?

😊 소식을 들은 후에 '그들은 그가 어떻게 살아남았는지 궁금했니?'
Did they wonder **how he survived**?
그들은 그가 어떻게 살아남았는지 궁금했니?

😐 다짜고짜 '너는 그녀에게 그녀가 어떻게 티켓을 얻었는지 물어봤니?'
Did you ask her **how she got a ticket**?
너는 그녀에게 그녀가 어떻게 티켓을 얻었는지 물어봤니?

make money [메이크 머니] 돈을 벌다   **free time** [프뤼 타임] 자유시간   **survive** [써봐이브] 살아남다

우리말만 보고 영어로 **자동발사** 해 보세요.

🎧 MP3를 들으며 자동발사가 되는지 확인해 보세요.

어떻게 ~하는지 …해? ··· how ~?

진짜 신기해.
너는 그가 어떻게 그것을 할 수 있는지 이해하니?

 Do you understand how he can do it?

궁금한가 보구나?
너는 그들이 어떻게 돈을 버는지 알고 싶니?

그렇게 바쁜 가운데
너는 네가 어떻게 네 자유시간을 사용하는지 설명해줄 수 있니?

소식을 들은 후에
그들은 그가 어떻게 살아남았는지 궁금했니?

다짜고짜
너는 그녀에게 그녀가 어떻게 티켓을 얻었는지 물어봤니?

영어 문장을 **따라하며 에코잉** 해 보세요.

🎧 MP3를 들으며 메아리처럼 에코잉 해 보세요.

… how ~ 어떻게 ~하는지 …해

😊 이리 와봐. '너는 그가 어떻게 말하는지 들어야 해.'

You have to hear **how he talks**.   너는 그가 어떻게 말하는지 들어야 해.

😔 사춘기라 그런지 '그는 그가 어떻게 느끼는지 내게 말하지 않아.'

He doesn't tell me **how he feels**.
그는 그가 어떻게 느끼는지 내게 말하지 않아.

😊 이따 만날 때 '나는 네게 네가 어떻게 환불을 요청할 수 있는지 말해줄게.'

I'll tell you **how you can request a refund**.
나는 네게 네가 어떻게 환불을 요청할 수 있는지 말해줄게.

😊 의외로 간단해. '나는 그가 그 문제를 어떻게 풀었는지 알아.'

I know **how he solved the problem**.
나는 그가 그 문제를 어떻게 풀었는지 알아.

😊 사진을 보여주며 '그녀는 내게 그녀가 그 제품을 어떻게 만들었는지 말해줬어.'

She told me **how she made the product**.
그녀는 내게 그녀가 그 제품을 어떻게 만들었는지 말해줬어.

request [뤼퀘스트] 요청하다   **refund** [뤼펀드] 환불

자동발사 톡!

우리말만 보고 영어로 **자동발사** 해 보세요.

🎧 MP3를 들으며 자동발사가 되는지 확인해 보세요.

어떻게 ~하는지 …해   … how ~

이리 와봐.
너는 그가 어떻게 말하는지 들어야 해.
📢 You have to hear how he talks.

사춘기라 그런지
그는 그가 어떻게 느끼는지 내게 말하지 않아.

이따 만날 때
나는 네게 네가 어떻게 환불을 요청할 수 있는지 말해줄게.

의외로 간단해.
나는 그가 그 문제를 어떻게 풀었는지 알아.

사진을 보여주며
그녀는 내게 그녀가 그 제품을 어떻게 만들었는지 말해줬어.

영어 문장을 **따라하며** 에코잉 해 보세요.

🎧 MP3를 들으며 메아리처럼 에코잉 해 보세요.

⋯ how ~? 　　　　　　　　　　　어떻게 ~하는지 ⋯하니?

😐 나 지금 좀 피곤한데 '나는 그가 어떻게 말하는지 들어야 하니?'

Do I have to hear **how he talks**? 　나는 그가 어떻게 말하는지 들어야 하니?

🙂 네 아들은 그래? '그는 그가 어떻게 느끼는지 네게 말하니?'

Does he tell you **how he feels**? 　그는 그가 어떻게 느끼는지 네게 말하니?

😊 이런 경험 많잖아. '너는 내게 내가 어떻게 환불을 요청할 수 있는지 말해줄 수 있니?'

Can you tell me **how I can request a refund**?
　　　　　　　　너는 내게 내가 어떻게 환불을 요청할 수 있는지 말해줄 수 있니?

☹ 난 진짜 모르겠어. '너는 그가 그 문제를 어떻게 풀었는지 아니?'

Do you know **how he solved the problem**?
　　　　　　　너는 그가 그 문제를 어떻게 풀었는지 아니?

🙂 비밀이라던데. '그녀는 네게 그녀가 그 제품을 어떻게 만들었는지 말해줬니?'

Did she tell you **how she made the product**?
　　　　　　　그녀는 네게 그녀가 그 제품을 어떻게 만들었는지 말해줬니?

request [뤼퀘스트] 요청하다 　**refund** [뤼퐌드] 환불

자동발사 톡!

우리말만 보고 영어로 **자동발사** 해 보세요.

🎧 MP3를 들으며 자동발사가 되는지 확인해 보세요.

어떻게 ~하는지 …하니?   … how ~?

나 지금 좀 피곤한데.
나는 그가 어떻게 말하는지 들어야 하니?
 Do I have to hear how he talks?

네 아들은 그래?
그는 그가 어떻게 느끼는지 네게 말하니?

이런 경험 많잖아.
너는 내게 내가 어떻게 환불을 요청할 수 있는지 말해줄 수 있니?

난 진짜 모르겠어.
너는 그가 그 문제를 어떻게 풀었는지 아니?

비밀이라던데,
그녀는 네게 그녀가 그 제품을 어떻게 만들었는지 말해줬니?

일상에서 쓰는 진짜 영어, 쉬운 영어!

1월 6일

 현우
지훈이는 진짜 힘들겠더라

상현
왜? 무슨 일 있대?

 현우
걔네 회사는 매일 야근에 회식이래
I wonder how he can stand it

상현
stand? 그 회사는 매일 서 있기까지 해야 돼??

 현우
아니ㅋㅋㅋ
'stand'는 '서다' 말고도 '견디다'라는 뜻도 있어

I wonder how he can stand it.
나는 그가 그것을 어떻게 견디는지 모르겠어.

걘 정말 체력이 대단한 것 같아